D1667907

Muertos sin sepultura

Jean-Paul Sartre:
Muertos sin sepultura

Editorial Losada
Buenos Aires

El Libro de Bolsillo
Alianza Editorial
Madrid

Título original: *Morts sans sépulture*
Traductor: Aurora Bernárdez
Revisión de Miguel Salabert

Primera edición en "El Libro de Bolsillo": 1983
Primera reimpresión en "El Libro de Bolsillo": 1988

PERSONAJES

(por orden de entrada)

François	Jean
Sorbier	Clochet
Canoris	Landrieu
Lucie	Pellerin
Henri	Corbier
Primer miliciano	Segundo miliciano

DECORADO

Primer cuadro.—*Un desván y todos los objetos heterogéneos que puede admitir: cochecito de niños, baúles viejos, etc., y un maniquí de costurera.*

Segundo cuadro.—*Un aula escolar, con un retrato de Pétain colgado en la pared.*

Tercer cuadro.—*El desván del primero.*

Cuarto cuadro.—*El aula del segundo.*

Trajes de maquis y de milicianos.

Muertos sin sepultura *se representó por primera vez en el* Teatro Antoine (dirección Simone Berriau) *el 8 de noviembre de 1946.*

Acto primero

Un desván iluminado por un tragaluz. Mescolanza de objetos heterogéneos: baúles, un hornillo viejo, un maniquí de costurera. CANORIS *y* SORBIER *están sentados, uno encima de un baúl, el otro en una vieja banqueta.* LUCIE, *en el hornillo. Están esposados.* FRANÇOIS, *también esposado, camina de una punta a la otra.* HENRI *duerme, tumbado en el suelo.*

ESCENA I

CANORIS, SORBIER, FRANÇOIS, LUCIE y HENRI

FRANÇOIS
¿Vais a hablar de una vez?

SORBIER *(levantando la cabeza)*
¿Qué quieres que digamos?

FRANÇOIS
Cualquier cosa, con tal de que haga ruido.
(Una música vulgar y estridente estalla de pronto. Es la radio del piso de abajo.)

SORBIER
Ya tienes ruido.

FRANÇOIS
Ese no: es el ruido de ellos. *(Reanuda la marcha y se detiene bruscamente.)* ¡Ah!

SORBIER
¿Qué te pasa ahora?

FRANÇOIS
Ellos me oyen, y están diciéndose: ése es el primero que se pone nervioso.

CANORIS
Bueno, pues no te pongas nervioso. Siéntate. Apoya las manos en las rodillas, las muñecas te dolerán menos. Y, además, cállate. Trata de dormir o piensa.

FRANÇOIS
¿Para qué?
(CANORIS se encoge de hombros. FRANÇOIS reanuda la marcha.)

SORBIER
¡François!

FRANÇOIS
¿Qué?

SORBIER
Tus zapatos crujen.

FRANÇOIS
Los hago crujir a propósito. (*Una pausa. Se planta delante de* SORBIER.) Pero ¿en qué podéis pensar?

SORBIER (*levantando la cabeza*)
¿Quieres que te lo diga?

FRANÇOIS (*lo mira y retrocede un poco*)
No. No lo digas.

SORBIER
Pienso en la chica que gritaba.

LUCIE (*saliendo bruscamente de su sueño*)
¿Qué chica?

SORBIER
La chica de la granja. La oí gritar cuando nos llevaban. El fuego llegaba ya a la escalera.

LUCIE
¿La chica de la granja? No debías decírnoslo.

SORBIER
Hay otros muchos que han muerto. Niños y mujeres. Pero no les oí morir. Es como si la chica estuviera todavía gritando. No podía guardarme sus gritos para mí solo.

LUCIE
Tenía trece años. Murió por nuestra culpa.

SORBIER
Todos han muerto por nuestra culpa.

CANORIS (*a* FRANÇOIS)
Ya ves que era preferible no hablar.

FRANÇOIS
Bueno, ¿y qué? Tampoco nosotros duraremos mucho.
Dentro de un rato opinaréis quizá que tuvieron suerte.

SORBIER
Ellos no habían aceptado morir.

FRANÇOIS
¿Acaso yo lo había aceptado? Nosotros no tenemos la
culpa de que fallara el golpe.

SORBIER
Sí. Es culpa nuestra.

FRANÇOIS
Obedecimos órdenes.

SORBIER
Sí.

FRANÇOIS
Nos dijeron: «Suban allá y tomen el pueblo.» Les di-
jimos: «Es una estupidez, los alemanes no tardarán en
enterarse ni veinticuatro horas.» Nos respondieron:
«A pesar de todo, suban y tómenlo.» Entonces diji-
mos: «Bueno.» Y subimos. ¿Dónde está nuestra culpa?

SORBIER
Había que lograrlo.

FRANÇOIS
Era imposible lograrlo.

SORBIER
Lo sé. Había que lograrlo a pesar de todo. (Una pausa.) Trescientos. Trescientos que no habían aceptado

morir y que han muerto por nada. Están tirados entre las piedras y el sol los ennegrece; debe de vérselos desde todas las ventanas. Por culpa nuestra. Por nosotros, en esta aldea ya no hay más que milicianos, muros y piedras. Va a ser difícil morir con esos gritos en los oídos.

FRANÇOIS *(gritando)*
Deja de darnos la lata con tus muertos. Soy el más joven: no he hecho sino obedecer. ¡Soy inocente! ¡Inocente! ¡Inocente!

LUCIE *(dulcemente. Desde el principio hasta el fin de la escena anterior ha conservado la calma)*
¡François!

FRANÇOIS *(desconcertado, con voz débil)*
¿Qué?

LUCIE
Ven a sentarte a mi lado, hermanito. *(El vacila. LUCIE repite con más dulzura todavía.)* ¡Ven! (FRANÇOIS *se sienta.* LUCIE *le pasa torpemente las manos encadenadas por el rostro.)* ¡Qué calor tienes! ¿Dónde está tu pañuelo?

FRANÇOIS
En mi bolsillo. No puedo cogerlo.

LUCIE
¿En este bolsillo?

FRANÇOIS
Sí.
(LUCIE *mete una mano en el bolsillo de la chaqueta, saca penosamente un pañuelo y le seca la cara.)*

Lucie
Estás sudando y todo tembloroso; no debes caminar
tanto.

François
Si pudiera quitarme la chaqueta...

Lucie
No lo pienses, puesto que es imposible. (François
tira de las esposas.) No, no esperes romperlas. La espe-
ranza hace daño. Quédate tranquilo, respira con calma,
hazte el muerto; yo estoy muerta y tranquila, yo ahorro
energías.

François
¿Para qué? Para poder gritar más fuerte dentro de un
rato. Eso es el chocolate del loro. Queda tan poco tiempo; quisiera estar en todas partes a la vez.
(Quiere levantarse.)

Lucie
Estate quieto.

François
No puedo parar ni un momento. Apenas me detengo,
mi pensamiento es el que se pone a dar vueltas. No
quiero pensar.

Lucie
Pobre muchacho.

François *(se deja caer ante las rodillas de* Lucie)
Lucie, todo es tan duro. No puedo mirar vuestras ca-
ras: me dan miedo.

Lucie
Pon la cabeza sobre mis rodillas. Sí, todo es tan duro
y tú eres tan joven. Si alguien pudiera sonreírte to-

davía, diciendo: pobrecito mío. Antes yo me hacía cargo de tus penas. Pobrecito mío..., pobrecito mío... (*Se yergue bruscamente.*) Ya no puedo más. La angustia me ha secado. Ya no puedo llorar.

FRANÇOIS
No me dejes solo. Me asaltan ideas que me avergüenzan.

LUCIE
Escucha. Hay *alguien* que puede *ayudarte*... No estoy completamente sola... (*Una pausa.*) Jean está conmigo; si pudieras...

FRANÇOIS
¿Jean?

LUCIE
No lo han cogido. Se dirige a Grenoble. Es el único de nosotros que vivirá mañana.

FRANÇOIS
¿Y qué?

LUCIE
Irá a buscar a los demás, reanudarán el trabajo en otra parte. Y después terminará la guerra, vivirán en París, tranquilamente, con fotos auténticas en su documentación auténtica y la gente les llamará por sus verdaderos nombres.

FRANÇOIS
Bueno, ¿y qué? El ha tenido suerte. A mí ¿qué puede importarme?

LUCIE
Está atravesando el bosque. Hay álamos allá, abajo, a lo largo del camino. Jean piensa en mí. Sólo queda él

en el mundo para pensar en mí con esa dulzura. En ti
también piensa. Jean piensa que eres un pobre chico.
Trata de verte con sus ojos. El puede llorar.
(*Llora.*)

FRANÇOIS
Tú también puedes llorar.

LUCIE
Lloro con sus lágrimas.
(*Una pausa.* FRANÇOIS *se levanta bruscamente.*)

FRANÇOIS
Basta de comedia. Acabaré por odiarlo.

LUCIE
Sin embargo, lo querías.

FRANÇOIS
No como tú.

LUCIE
No. No como lo quería yo.

(*Pasos en el corredor. La puerta se abre.* LUCIE *se levanta bruscamente.* EL MILICIANO *los mira, luego cierra
la puerta.*)

SORBIER (*encogiéndose de hombros*)
Se divierten. ¿Por qué te has levantado?

LUCIE (*volviendo a sentarse*)
Creí que venían a buscarnos.

CANORIS
No vendrán tan pronto.

LUCIE
   ¿Por qué no?

CANORIS
   Porque cometen el error de creer que la espera desmo-
   raliza.

SORBIER
   ¿Es realmente un error? No es divertido esperar cuando uno se imagina cosas.

CANORIS
   Claro. Pero por otro lado tienes tiempo para recobrar-
   te. La primera vez que me pasó fue en Grecia, bajo
   Metaxas. Vinieron a detenerme a las cuatro de la mañana. Si me hubieran apretado un poco, habría hablado. Por puro asombro. No me preguntaron nada. Diez
   días después, recurrieron a los grandes medios, pero
   ya era demasiado tarde; habían perdido el efecto de
   sorpresa.

SORBIER
   ¿Te molieron a golpes?

CANORIS
   ¡Vaya!

SORBIER
   ¿A puñetazos?

CANORIS
   A puñetazos y a puntapiés.

SORBIER
   ¿Tenías..., tenías ganas de hablar?

CANORIS
   No. Mientras te zurran, se va tirando.

SORBIER

¿Eh?... Ah, se va tirando... *(Una pausa.)* ¿Pero y cuando te golpean las tibias o los codos?

CANORIS

No, no. Se aguanta. *(Suavemente.)* Sorbier...

SORBIER

¿Qué?

CANORIS

No hay que tenerles miedo. Les falta imaginación.

SORBIER

De mí es de quien tengo miedo.

CANORIS

Pero ¿por qué? No tenemos nada que decir. Todo lo que sabemos, lo saben ellos. ¡Escuchad! *(Una pausa.)* No es en absoluto como uno se lo figura.

FRANÇOIS

¿Cómo es?

CANORIS

No podría decírtelo. Mira, por ejemplo, el tiempo me pareció corto. *(Ríe.)* Tenía los dientes tan apretados que estuve tres horas sin poder abrir la boca. Era en Nauplia. Había un tipo que llevaba botines a la antigua. Puntiagudos. Me los clavaba en la cara. Unas mujeres cantaban bajo la ventana; recuerdo la canción.

SORBIER

¿En Nauplia? ¿En qué año?

CANORIS

En el 36.

SORBIER

¡Vaya!, pues yo pasé por allí. Había ido a Grecia en
el *Théophile Gautier*. Hacía *camping*. Vi la prisión;
hay chumberas contra los muros. ¿Así que tú estabas
dentro y yo afuera? *(Ríe.)* Tiene gracia.

CANORIS

Tiene gracia.

SORBIER *(bruscamente)*

¿Y si te trabajan bien?

CANORIS

¿Eh?

SORBIER

¿Si te trabajan bien con sus aparatos? (CANORIS *se encoge de hombros.*) Me figuro que me defendería a fuerza de modestia. A cada minuto me diría: voy a resistir
otro minuto más. ¿Es un buen método?

CANORIS

No hay método.

SORBIER

Pero ¿qué harías tú?

LUCIE

¿No podríais callaros? Mirad al muchacho, ¿creéis que
le estáis dando valor así? Esperad un poco, ellos se en-
cargarán de informaros.

SORBIER

¡Déjanos! ¡Que se tape los oídos si no quiere oír!

LUCIE

¿Y yo también tengo que taparme los oídos? No me
gusta oíros porque tengo miedo de despreciaros. ¿Ne-

cesitáis tantas *palabras* para infundiros valor? He visto morir a los *animales* y quisiera morir como ellos: ¡en silencio!

SORBIER

¿Quién ha hablado de morir? Conversamos sobre lo que nos harán *antes*. Es imprescindible prepararse.

LUCIE

No quiero prepararme. ¿Por qué he de vivir dos veces esas horas que vendrán? Mira a Henri: duerme. ¿Por qué no dormir?

SORBIER

¿Dormir? ¿Y que vengan a despertarme zarandeándome? No quiero. No tengo tiempo que perder.

LUCIE

Entonces piensa en lo que amas. Yo pienso en Jean, en mi vida, en el niño, cuando estaba enfermo y yo lo cuidaba en un hotel de Arcachon. Había pinos y grandes olas verdes que veía desde mi ventana.

SORBIER *(irónicamente)*

¿Olas verdes, de veras? Te digo que no tengo tiempo que perder.

LUCIE

Sorbier, no te reconozco.

SORBIER *(confuso)*

¡Bueno! Son los nervios; tengo nervios de damisela. *(Se levanta y se acerca a ella.)* Cada uno se defiende a su manera. No valgo nada cuando me pillan desprevenido. Si pudiera sentir el dolor por adelantado —sólo un poquito, para reconocerlo de pasada— estaría más seguro de mí. No es culpa mía; siempre he sido minucioso. *(Una pausa.)* Sabes que te aprecio mucho. Pero me siento solo. *(Pausa.)* Si quieres que me calle...

FRANÇOIS
Déjales hablar. Lo que. importa es el ruido que hacen.

LUCIE
Haced lo que queráis.
(Un silencio.)

SORBIER *(en voz más baja)*
¡Eh, Canoris! (CANORIS *levanta la cabeza.*) ¿Has conocido tipos que hayan delatado?

CANORIS
Sí, los he conocido.

SORBIER
¿Y qué?

CANORIS
¿Qué puede importarte si no tenemos nada que decir?

SORBIER
Quiero saber. ¿Podían soportarse?

CANORIS
Depende. Hubo uno que se pegó un tiro en la cara
con una escopeta de caza; sólo consiguió quedarse cie-
go. Me lo encontraba a veces por las calles de El Pireo,
guiado por una armenia. El pensaba que había pagado
de sobra su deuda. Cada uno decide por sí mismo si
la ha pagado o no. Despachamos a otro en una verbena
en el momento en que compraba golosinas. Desde que
había salido de la cárcel se había aficionado a las golosinas.

SORBIER
¡Qué suerte!

CANORIS

¡Hum!

SORBIER

Si yo delatara, me sorprendería que me consolaran las golosinas.

CANORIS

Eso se dice, pero nunca se sabe antes de haber pasado por ello.

SORBIER

De todos modos, no creo que pudiera soportarme después. Creo que iría a descolgar la escopeta.

FRANÇOIS

Yo prefiero las golosinas.

SORBIER

¡François!

FRANÇOIS

¿Qué pasa con François? ¿Acaso me lo advertisteis cuando me uní a vosotros? Me dijisteis que la Resistencia necesitaba hombres, no que necesitaba héroes. ¡Yo no soy un héroe, no soy un héroe! ¡No soy un héroe! Hice lo que me ordenaron: distribuí octavillas y transporté armas, y decíais que yo estaba siempre de buen humor. Pero nadie me informó de lo que me esperaba al final. Os juro que nunca supe a qué me comprometía.

SORBIER

Lo sabías. Sabías que a René lo habían torturado.

FRANÇOIS

Nunca pensé en eso. (*Una pausa.*) A la chica que murió la compadecéis. Acabáis de decir que ha muerto por culpa nuestra. Y si yo hablara cuando me quemen con los cigarrillos, diríais: es un cobarde, y me tenderíais una escopeta, a menos que me disparéis por la espalda. Sin embargo, sólo tengo dos años más que ella.

SORBIER
Hablaba por mí.

CANORIS (*acercándose a* FRANÇOIS)
Tú no tienes ya ningún deber, François. Ni deber ni consigna. No sabemos nada, no tenemos nada que callar. Que cada uno se las arregle para no sufrir demasiado. Los medios no tienen importancia.

(FRANÇOIS *se calma poco a poco, pero permanece postrado.* LUCIE *lo estrecha contra sí.*)

SORBIER
Los medios no tienen importancia... Evidentemente. Grita, llora, suplica, pídeles perdón, hurga en tu memoria para encontrar algo que confesarles, alguien a quien entregarles: qué importa; no hay nada que arriesgar; no encontrarás nada que decir; todas las pequeñas cobardías permanecerán estrictamente confidenciales. Quizá sea mejor así. (*Una pausa.*) No estoy seguro.

CANORIS
¿Qué es lo que querrías? ¿Saber un nombre o una fecha para poder negárselos?

SORBIER
No lo sé. Ni siquiera sé si podría callarme.

CANORIS
¿Y entonces?

SORBIER

Quisiera conocerme. Sabía que acabarían agarrándome y que un día, al pie del muro, me encontraría frente a mí mismo, sin recursos. Pensaba: ¿resistirás? Es mi cuerpo el que me inquieta, ¿comprendes? Tengo un triste y destartalado cuerpo con nervios de mujer. Bueno, pues ha llegado el momento, van a torturarme con sus instrumentos. Pero me siento estafado: voy a sufrir para nada, voy a morir sin saber lo que valgo.

(La música cesa. Todos se sobresaltan y prestan atención.)

HENRI *(despertándose bruscamente)*

¿Qué pasa? *(Una pausa.)* La polka ha terminado, ahora nos toca bailar, supongo. *(La música prosigue.)* Falsa alarma. Es curioso que les guste tanto la música. *(Se levanta.)* Soñé que estaba bailando, en *Schéhérazade.* ¿Sabéis? *Schéhérazade,* en París. Nunca he estado allí. *(Se despierta lentamente.)* Ah, estáis ahí…, estáis ahí… ¿Quieres bailar, Lucie?

LUCIE

No.

HENRI

¿Os duelen también las muñecas? Se me han debido de hinchar mientras dormía. ¿Qué hora es?

CANORIS

Las tres.

LUCIE

Las cinco.

SORBIER

Las seis.

CANORIS
    No lo sabemos.

HENRI
    Tú tenías un reloj.

CANORIS
    Me lo aplastaron contra la muñeca. Lo que es seguro
    es que has dormido un buen rato.

HENRI
    Es tiempo que me han robado. *(A* CANORIS.*)* Ayúda-
    me. (CANORIS *pone las manos como estribo;* HENRI *se
    encarama hasta el tragaluz.)* Son las cinco por el sol;
    Lucie tenía razón. *(Baja.)* La alcaldía está ardiendo to-
    davía. ¿Así es que no quieres bailar? *(Una pausa.)* De-
    testo esa música.

CANORIS *(con indiferencia)*
    ¡Bah!

HENRI
    Debe de oírse desde la granja.

CANORIS
    Ya no hay nadie para oírla.

HENRI
    Lo sé. Entra por la ventana, gira por encima de los ca-
    dáveres. La música, el sol y…, telón. Y los cuerpos es-
    tán completamente negros. ¡Ah! Erramos bien el golpe.
    (Una pausa.) ¿Qué le pasa al chico?

LUCIE
    No se encuentra bien. Hace ya ocho días que no pega
    ojo. ¿Cómo has logrado dormir?

Henri

Vino solo. Me sentí tan solo que me dio sueño. *(Ríe.)* Estamos olvidados del mundo entero. *(Acercándose a* François.) Pobre chaval... *(Le acaricia el pelo y se detiene bruscamente. A* Canoris.) ¿Dónde está nuestro error?

Canoris

No lo sé. ¿Qué importa?

Henri

Hemos cometido un error. Yo me siento culpable.

Sorbier

¿Tú también? ¡Ah! Me alegro mucho; me creía solo.

Canoris

¡Oh! Bueno: yo también me siento culpable. ¿Y para qué sirve eso?

Henri

No hubiera querido morir en falta.

Canoris

No te devanes los sesos; estoy seguro de que los compañeros no nos reprocharán nada.

Henri

Me importan un cuerno los compañeros. Es a mí mismo únicamente a quien ahora debo rendir cuentas.

Canoris *(un poco escandalizado, secamente)*

¿Entonces? ¿Quieres un confesor?

Henri

Al diablo el confesor. Ahora, mi ajuste de cuentas es conmigo mismo. *(Una pausa; como para sí.)* Las cosas no deberían haber tomado este giro. Si pudiera encontrar el error...

CANORIS

Adelantarías mucho con eso.

HENRI

Podría mirarlo de frente y decirme: muero por esto. ¡Dios mío! Un hombre no puede reventar como una rata, por nada y sin chistar.

CANORIS (*encogiéndose de hombros*)

¡Bah!

SORBIER

¿Por qué te encoges de hombros? Tiene el derecho de salvar su muerte, es lo único que le queda.

CANORIS

Claro. Que la salve, si puede.

HENRI

Gracias por el permiso. (*Una pausa.*) Harías bien en ocuparte de salvar la tuya: no tenemos demasiado tiempo.

CANORIS

¿La mía? ¿Por qué? ¿A quién serviría? Es un asunto estrictamente personal.

HENRI

Estrictamente personal. Sí. ¿Y qué?

CANORIS

Nunca he podido apasionarme por los asuntos personales. Ni por los ajenos ni por los míos.

HENRI *(sin escucharlo)*
Si por lo menos pudiera decirme que hice lo que pude. Pero sin duda es pedir demasiado. Durante treinta años me he sentido culpable. Culpable porque vivía. Ahora, arden esas casas por mi culpa, están ahí todos esos muertos inocentes y yo voy a morir culpable. Mi vida sólo ha sido un error.
(CANORIS se levanta y se dirige hacia él.)

CANORIS
No eres modesto, Henri.

HENRI
¿Qué?

CANORIS
Te haces daño porque no eres modesto. Yo creo que hace mucho tiempo que hemos muerto: en el momento preciso en que dejamos de ser útiles. Ahora nos queda un trocito de vida póstuma, algunas horas por matar. Ya no te queda otra cosa que hacer que matar el tiempo y charlar con tus vecinos. Abandónate, Henri, descansa. Tienes derecho a descansar, puesto que nada más podemos hacer aquí. Descansa: ya no contamos, somos muertos sin importancia. *(Una pausa.)* Es la primera vez que me reconozco el derecho a descansar.

HENRI
Es la primera vez desde hace tres años que me encuentro frente a mí mismo. Me daban órdenes. Obedecía. Me sentía justificado. Ahora nadie puede ya darme órdenes y nada puede ya justificarme. Un trocito de vida de más: sí. Justo el tiempo necesario para ocuparme de mí. *(Una pausa.)* Canoris, ¿por qué vamos a morir?

CANORIS
Porque nos habían encargado una misión peligrosa y no tuvimos suerte.

HENRI

Sí, es lo que pensarán los compañeros, es lo que dirán en los discursos oficiales. Pero tú, ¿qué piensas?

CANORIS

Yo no pienso en nada. Vivía para la causa y siempre preví que tendría una muerte como ésta.

HENRI

Vivías para la causa, sí. Pero no vengas a decirme que mueres por ella. Quizá si hubiéramos tenido éxito y si hubiéramos muerto en la acción, quizá entonces... *(Una pausa.)* Vamos a morir porque nos han dado órdenes estúpidas, porque las hemos ejecutado mal y nuestra muerte no es útil a nadie. La causa no necesitaba que atacáramos este pueblo. No lo necesitaba porque el proyecto era irrealizable. La causa jamás da órdenes, jamás dice nada; somos nosotros los que decidimos acerca de sus necesidades. No hablemos de la causa. Aquí, no. Mientras se puede trabajar por ella, está bien. Después hay que callarse y sobre todo no servirse de ella para consuelo personal. Nos ha desechado porque somos inutilizables; encontrará otros que la sirvan; en Tours, en Lille, en Carcasona, las mujeres están pariendo los niños que nos reemplazarán. Hemos tratado de justificar nuestra vida y hemos fallado el golpe. Ahora vamos a morir y nos convertiremos en muertos injustificables.

CANORIS *(con indiferencia)*

Como quieras. Nada de lo que pase entre estas cuatro paredes tiene importancia. Que esperes o que desesperes, da exactamente igual.

(Una pausa.)

HENRI
    Si por lo menos nos quedara algo que emprender.
    Cualquier cosa. O cualquier cosa que ocultarles...
    ¡Bah! *(Una pausa.) (A* CANORIS.) ¿Tú tienes mujer?

CANORIS
    Sí. En Grecia.

HENRI
    ¿Puedes pensar en ella?

CANORIS
    Lo intento. Está lejos.

HENRI *(a* SORBIER)
    ¿Y tú?

SORBIER
    Tengo a mis padres. Me creen en Inglaterra. Supongo
    que ahora están cenando; cenan temprano. Si pudie-
    ra decirme que van a sentir, de repente, un ligero so-
    bresalto en el corazón, algo como un presentimiento...
    Me esperarán durante años, cada vez con más tranqui-
    lidad, y me moriré en sus corazones sin que se den
    cuenta. Mi padre debe de estar hablando del huerto.
    Siempre hablaba del huerto, en la cena. Dentro de un
    rato irá a regar las coles. *(Suspira.)* ¡Pobre viejo! ¿Por
    qué pensar en ellos? No sirve de nada.

HENRI
    No. No sirve de nada. *(Una pausa.)* Con todo, prefe-
    riría que mis viejos vivieran aún. Yo no tengo a nadie.

SORBIER
    ¿A nadie en el mundo?

HENRI
    A nadie.

LUCIE *(vivamente)*
Eres injusto. Tienes a Jean. Todos tenemos a Jean.
Era nuestro jefe y piensa en nosotros.

HENRI
Piensa en ti porque te quiere.

LUCIE
En todos nosotros.

HENRI *(dulcemente)*
¡Lucie! ¿Acaso nosotros hablábamos mucho de nuestros muertos? No teníamos tiempo de enterrarlos, ni
siquiera en nuestros corazones. *(Una pausa.)* No. No
me echarán de menos en ninguna parte, no dejo vacío.
El Metro está abarrotado, los restaurantes atestados,
las cabezas atiborradas de pequeñas preocupaciones. Me
he deslizado fuera del mundo y el mundo sigue lleno.
Como un huevo. Hay que convencerse de que yo no
era indispensable. *(Una pausa.)* Hubiera querido ser
indispensable. Para algo o para alguien. *(Una pausa.)*
A propósito, Lucie, yo te amaba. Te lo digo ahora
porque ya no tiene importancia.

LUCIE
No. Ya no tiene importancia.

HENRI
Y esto es todo. *(Se ríe.)* Era en verdad completamente
inútil que yo naciera.

(La puerta se abre. Entran unos MILICIANOS.*)*

SORBIER
Buenos días. *(A* HENRI.*)* Nos han hecho tres veces el
numerito mientras dormías.

EL MILICIANO
¿Eres tú el que se hace llamar Sorbier?

(Silencio.)

SORBIER
Soy yo.

EL MILICIANO
Síguenos.

(Nuevo silencio.)

SORBIER
Después de todo, casi prefiero que empiecen por mí. *(Una pausa. Camina hacia la puerta.)* Me pregunto si voy a conocerme. *(En el momento de salir.)* Es la hora en que mi padre riega sus coles.

ESCENA II

LOS MISMOS *menos* SORBIER

(Sigue un largo silencio.)

HENRI *(a* CANORIS*)*
Dame un cigarrillo.

CANORIS
Me los han quitado.

HENRI
¡Qué se le va a hacer!

(La música toca una java.)

HENRI
Bueno, pues bailemos, Lucie, ya que quieren que bailemos.

LUCIE
Te he dicho que no.

HENRI
Como quieras. No faltan bailarinas.

(Se acerca al maniquí, alza las manos encadenadas y las desliza a lo largo de los hombros y de los costados del maniquí. Luego empieza a bailar apretándolo contra sí. La música cesa. HENRI se detiene, deja el maniquí y levanta lentamente los brazos para desprenderse.)

Han empezado.

(Escuchan.)

CANORIS
¿Oyes algo?

HENRI
Nada.

FRANÇOIS
¿Qué crees que están haciéndole?

CANORIS
No lo sé. *(Una pausa.)* Quisiera que aguante. Si no, se hará mucho más daño del que le harán.

HENRI
Forzosamente resistirá.

CANORIS
>   Quiero decir, por dentro. Es más difícil cuando no se
>   tiene nada que decir.
>
>   *(Una pausa.)*

HENRI
>   No grita, ya es algo.

FRANÇOIS
>   Quizá lo interroguen, simplemente.

CANORIS
>   ¿Tú crees?
>
>   (SORBIER *aúlla. Se sobresaltan.)*

LUCIE *(con voz rápida y demasiado natural)*
>   Ahora Jean debe de haber llegado a Grenoble. Me ex-
>   trañaría que hubiera empleado más de quince horas.
>   Ha de sentirse raro: la ciudad está tranquila, hay gente
>   en las terrazas de los cafés y el Vercors no es más
>   que un sueño. *(La voz de* SORBIER *crece. La de* LUCIE
>   *sube.)* Piensa en nosotros, oye la radio por las ven-
>   tanas abiertas, el sol brilla sobre las montañas, es una
>   hermosa tarde de verano. *(Gritos más fuertes.)* ¡Ah!
>   (LUCIE *se deja caer sobre un baúl y solloza repitien-
>   do:)* Una hermosa tarde de verano.

HENRI *(a* CANORIS*)*
>   Yo no gritaré.

CANORIS
>   Harás mal. Eso alivia.

HENRI
>   No podría soportar la idea de que me estéis oyendo
>   y de que ella llora aquí arriba.
>
>   (FRANÇOIS *empieza a temblar.)*

FRANÇOIS *(al borde de la crisis)*
No creo…, no creo…

(Pasos en el corredor.)

CANORIS
Calla, muchacho, ahí están.

HENRI
¿A quién le toca el turno?

CANORIS
A ti o a mí. Guardarán a la muchacha y al crío para
el final. *(La llave gira en la cerradura.)* Quisiera que
me toque a mí. No me gustan los gritos ajenos.

(La puerta se abre, empujan a JEAN *en la habitación.
No está esposado.)*

ESCENA III

LOS MISMOS y JEAN

*(Entorna los ojos al entrar para acomodarse a la pe-
numbra. Todos se han vuelto hacia él. EL MILICIANO
sale cerrando la puerta tras de sí.)*

LUCIE
¡Jean!

JEAN
Cállate. No pronuncies mi nombre. Ven aquí, contra
la pared; quizá estén mirándonos por una rendija de la
puerta. *(La mira.)* ¡Estás aquí! ¡Estás aquí! Pensé que
no volvería a verte nunca. ¿Quién está ahí?

CANORIS
Canoris.

HENRI
Henri.

JEAN
Os veo mal. ¿Pierre y Jacques han...?

HENRI
Sí.

JEAN
¿El muchacho está también aquí? Pobre chico. *(En voz baja y rápida.)* Creía que habíais muerto.

HENRI *(riendo)*
Hicimos lo que pudimos.

JEAN
Lo supongo. *(A* LUCIE.*)* ¿Qué te pasa?

LUCIE
¡Oh, Jean, todo ha terminado! Yo me decía: está en Grenoble, camina por las calles, mira las montañas... Y... y... ahora todo ha terminado.

JEAN
No llores. Tengo muchas posibilidades de salir de ésta.

HENRI
¿Cómo te pescaron?

JEAN
Todavía no me han pescado. Me encontré con una de sus patrullas, en el camino de Verdone. Dije que era de Cimiers; es un pueblecito del valle. Me trajeron aquí mientras van a ver si dije la verdad.

LUCIE
Pero en Cimiers van a...

JEAN
Tengo compañeros allá, que saben lo que tienen que decir. Saldré del paso. *(Una pausa.)* Tengo que salir, los compañeros no han sido avisados.

HENRI *(silba)*
Así es. *(Una pausa.)* Bueno, ¿y qué dices? Hemos fallado bien el golpe, ¿eh?

JEAN
Volveremos a empezar en otra parte.

HENRI
Tú volverás a empezar.

(Pasos en el pasillo.)

CANORIS
Apartaos. No deben vernos hablando con él.

JEAN
¿Qué pasa?

HENRI
Traen a Sorbier.

JEAN
¡Ah! Lo han...

HENRI
Sí. Han empezado con él.

(Entran LOS MILICIANOS sosteniendo a SORBIER que se desploma sobre un baúl. LOS MILICIANOS salen.)

ESCENA IV

Los mismos y Sorbier

SORBIER *(sin ver a* JEAN)
¿Me han tenido mucho tiempo?

HENRI
Una media hora.

SORBIER
¿Una media hora? Tenías razón, Canoris. El tiempo pasa rápido. ¿Me habéis oído gritar? *(No responden.)* Naturalmente, me habéis oído.

FRANÇOIS
¿Qué te han hecho?

SORBIER
Ya verás. Ya lo verás. No hay que ser tan impaciente.

FRANÇOIS
¿Es... muy duro?

SORBIER
No lo sé. Lo que puedo decirte es que me preguntaron dónde estaba Jean, y que de haberlo sabido lo habría dicho. *(Ríe.)* Ya lo veis: ahora me conozco. *(Todos callan.)* ¿Qué pasa? *(Sigue la mirada de los demás. Ve a* JEAN, *pegado contra la pared, con los brazos separados.)* ¿Quién está ahí? ¿Es Jean?

HENRI *(vivamente)*
Cállate. Lo han tomado por un mozo de Cimiers.

SORBIER
¿Un mozo de Cimiers? *(Suspira.)* Tengo suerte.

HENRI *(sorprendido)*
¿Qué es lo que dices?

SORBIER
Digo que tengo suerte. Ahora tengo algo que ocultarles.

HENRI *(casi gozosamente)*
Es cierto. Ahora tenemos todos algo que ocultarles.

SORBIER
Quisiera que me hubiesen matado.

CANORIS
¡Sorbier! Te juro que no hablarás. *No podrás* hablar.

SORBIER
Te digo que entregaría a mi madre. *(Una pausa.)* Es injusto que un minuto baste para pudrir toda una vida.

CANORIS *(suavemente)*
Hace falta mucho más de un minuto. ¿Crees que un momento de debilidad puede pudrir la hora en que decidiste abandonarlo todo para unirte a nosotros? ¿Y esos tres años de valor y de paciencia? ¿Y el día en que llevaste, a pesar de tu fatiga, el fusil y la mochila del chico?

SORBIER
No te preocupes. Ahora lo sé. Sé lo que soy, de seguro.

CANORIS
¿De seguro? ¿Por qué habías de ser más verdadero hoy, cuando te golpean, que ayer cuando te negabas a beber para dar tu parte a Lucie? No estamos hechos para vivir siempre en los límites de nosotros mismos. En los valles también hay caminos.

SORBIER
   Bueno. Y si cantara dentro de un rato, ¿podrías mirar-
   me todavía a los ojos?

CANORIS
   No cantarás.

SORBIER
   Pero ¿y si lo hiciera? (*Silencio de* CANORIS.) Ya lo
   ves. (*Una pausa, se ríe.*) Hay tipos que morirán en la
   cama, con la conciencia tranquila. Buenos hijos, buenos esposos, buenos ciudadanos, buenos padres... ¡Ah!
   Son tan cobardes como yo y no lo sabrán jamás. Tienen suerte. (*Una pausa.*) ¡Pero hacedme callar! ¿A qué
   esperáis para hacerme callar?

HENRI
   Sorbier, tú eres el mejor de nosotros.

SORBIER
   ¡Vete al infierno!

   (*Pasos en el corredor. Se callan. La puerta se abre.*)

EL MILICIANO
   El griego, ¿dónde está?

CANORIS
   ¡Soy yo!

EL MILICIANO
   Date prisa.

   (CANORIS *sale con* EL MILICIANO.)

ESCENA V

Los mismos, *menos* Canoris

JEAN

Va a sufrir por mí.

HENRI

Mejor que sea por ti. Si no, sería por nada.

JEAN

Cuando vuelva, ¿cómo podré soportar su mirada? (*A*
Lucie.) Dime, ¿me odias?

LUCIE

¿Tengo cara de odiarte?

JEAN

Dame la mano. (*Ella le tiende las manos encadenadas.*)
Me avergüenzo de no estar esposado. ¡Estás aquí! Yo
me decía: por lo menos todo acabó para ella. Se acabó
el miedo, se acabaron el hambre y el dolor. ¡Y estás
aquí! Vendrán a buscarte y te traerán a rastras.

LUCIE

¡Sólo habrá amor en mis ojos!

JEAN

Tendré que oír tus gritos.

LUCIE

Trataré de no gritar.

JEAN

Pero el chico gritará. Gritará, estoy seguro.

FRANÇOIS
¡Cállate! ¡Cállate! ¡Callaos todos! ¿Es que queréis vol-
verme loco? ¡No soy un héroe y no quiero que me
martiricen en tu lugar!

LUCIE
¡François!

FRANÇOIS
Déjame en paz; yo no me acuesto con él. (*A* JEAN.)
Yo sí te odio, si quieres saberlo.

(*Una pausa.*)

JEAN
Tienes razón.

(*Se dirige hacia la puerta.*)

HENRI
¡Eh, vamos! ¿Qué haces?

JEAN
No acostumbro enviar a los muchachos a que les par-
tan la cara por mí.

HENRI
¿Quién avisará a los compañeros?

(JEAN *se detiene.*)

FRANÇOIS
¡Déjale hacer! Si quiere entregarse, no tienes derecho
a impedírselo.

HENRI (*a* JEAN, *sin preocuparse de* FRANÇOIS)
Será estupendo que vengan aquí creyendo que ocupa-

mos el pueblo. (JEAN *vuelve sobre sus pasos con la cabeza baja. Se sienta.*) Dame un cigarrillo. (JEAN *le da un cigarrillo.*) Dale uno también al chico.

FRANÇOIS
Déjame en paz.

(*Vuelve al fondo.*)

HENRI
Enciéndelo. (JEAN *se lo enciende.* HENRI *aspira unas bocanadas; luego le acometen uno o dos sollozos nerviosos.*) No te preocupes. Me gusta fumar, pero ignoraba que podía causar tanto placer. ¿Cuántos te quedan?

JEAN
Uno.

HENRI (*a* SORBIER)
Toma. (SORBIER *toma el cigarrillo sin decir una palabra y aspira unas bocanadas; luego se lo devuelve.* HENRI *se vuelve hacia* JEAN.) Me alegra que estés aquí. En primer lugar me has dado un cigarrillo, y además serás nuestro último testigo. Irás a ver a los padres de Sorbier y escribirás a la mujer de Canoris.

LUCIE
Mañana bajarás hacia la ciudad; llevarás en tus ojos mi última expresión viviente, serás el único en el mundo que la conozca. No debes olvidarla. Yo soy tú. Si vives, viviré.

JEAN
¡Olvidarla!

(*Avanza hacia ella. Se oyen pasos.*)

HENRI

Quédate donde estás y calla: vienen. Me toca a mí, debo apresurarme, o no tendré tiempo de terminar. ¡Escucha! Si no hubieras venido, habríamos sufrido como animales sin saber por qué. Pero estás aquí y todo lo que va a pasar ahora tendrá un sentido. Vamos a luchar. No por ti solo; por todos los compañeros. Erramos el golpe, pero quizá podamos salvar la cara. *(Una pausa.)* Creí ser completamente inútil, pero ahora veo que hay algo para lo que soy necesario; con un poco de suerte podré quizá decirme que no muero en vano.

(La puerta se abre. CANORIS aparece sostenido por dos MILICIANOS.)

SORBIER

El no ha gritado.

TELON

Un aula. Bancos y pupitres. Paredes enlucidas de blanco. En la pared del fondo, un mapa de Africa y un retrato de Pétain. Una pizarra. A la izquierda, una ventana. Al fondo, una puerta. Aparato de radio en una mesita, cerca de la ventana.

ESCENA I

CLOCHET, PELLERIN y LANDRIEU

CLOCHET
¿Pasamos al siguiente?

LANDRIEU
Un minuto. Tomemos un bocado.

CLOCHET
Comed vosotros si queréis. Yo podría quizá interrogar a otro entre tanto.

47

LANDRIEU

No, sería demasiado placer para ti. ¿No tienes hambre?

CLOCHET

No.

LANDRIEU *(a* PELLERIN*)*

¡Clochet no tiene hambre! *(A* CLOCHET.*)* Debes de estar enfermo.

CLOCHET

No tengo hambre cuando trabajo.

(Se dirige a la radio y mueve el botón.)

PELLERIN

No nos aturdas la cabeza.

CLOCHET *(gruñe, dice)*

…¡No les gusta la música!

PELLERIN

¿Qué dices?

CLOCHET

Digo que siempre me sorprende ver que hay gente a la que no le gusta la música.

PELLERIN

Tal vez me guste la música. Pero no ésta ni aquí.

CLOCHET

¿Ah, sí? Para mí, con tal de que suene… *(Con pesar.)* La había puesto muy bajita…

PELLERIN

¡No!

CLOCHET
    Sois unos brutos. (*Una pausa.*) ¿Mandamos a buscarlo?

LANDRIEU
    ¡Déjanos, Dios mío! Nos quedan tres todavía y eso nos
    llevaría hasta las diez de la noche. Me pongo nervioso
    cuando trabajo con la barriga vacía.

CLOCHET
    En primer lugar sólo quedan dos, porque hay que de-
    jar al chico para mañana. Y, además, con un poco de
    organización, sería posible liquidarlos en dos horas.
    (*Una pausa.*) Esta noche Radio Toulouse transmite
    Tosca.

LANDRIEU
    Me importa un carajo. Baja a ver qué han encontrado
    para comer.

CLOCHET
    Ya lo sé: pollos.

LANDRIEU
    ¿Otra vez? Ya estoy harto de pollo. Ve a buscarme
    una lata de carne.

CLOCHET (*a* PELLERIN)
    ¿Y tú?

PELLERIN
    Carne también.

LANDRIEU
    Y mándanos a alguien para que limpie eso.

CLOCHET
    ¿Qué?

LANDRIEU

Eso. ¡Ahí es donde sangró el griego! Es repugnante.

CLOCHET

No hay que limpiar la sangre. Puede impresionar a los otros.

LANDRIEU

No comeré mientras haya esta porquería en el suelo. *(Una pausa.)* ¿Qué esperas?

CLOCHET

No hay que quitar esa sangre.

LANDRIEU

¿Quién manda aquí?

(CLOCHET *se encoge de hombros y sale.*)

ESCENA II

LANDRIEU y PELLERIN

PELLERIN

No le pinches demasiado.

LANDRIEU

¡Bah!

PELLERIN

Lo que te digo... Tiene un primo que trabaja con Darnand. Le envía informes. Creo que fue él el culpable de que despidieran a Daubin.

LANDRIEU

  ¡Qué sabandija! Pues si quiere que me den el lique va a darse prisa, porque me da el pálpito de que a Darnand van a largarlo antes que a mí.

PELLERIN

  Puede ser.

  (Suspira y va maquinalmente a la radio.)

LANDRIEU

  ¡Ah, no! Tú no.

PELLERIN

  Sólo las noticias.

LANDRIEU *(riendo entre dientes)*

  Creo que conozco las noticias.

  (PELLERIN *maneja los botones de la radio.)*

VOZ DEL LOCUTOR

  A la cuarta señal serán exactamente las ocho horas. *(Ponen en hora los relojes.)* Queridos oyentes, dentro de unos instantes oirán ustedes nuestro concierto del domingo.

LANDRIEU *(suspirando)*

  Es cierto, es domingo. *(Primeros compases de un trozo musical.)* Tuércele el pescuezo.

PELLERIN

  El domingo cogía el coche, iba a buscar una putilla a Montmartre y me largaba al Touquet.

LANDRIEU

  ¿Eso cuándo?

PELLERIN

¡Oh! Antes de la guerra.

VOZ DEL LOCUTOR

He encontrado clavos en el jardín del presbiterio. Repetimos: he encontrado...

LANDRIEU

¡Cerrad el pico, marranos!

(Toma una lata de conserva y la arroja contra el aparato.)

PELLERIN

¿Estás loco? Vas a romper la radio.

LANDRIEU

Me importa un carajo. No quiero oír a esos cerdos. (PELLERIN *mueve los botones.*)

VOZ DEL LOCUTOR

Las tropas alemanas resisten sólidamente en Cherburgo y Caen. En el sector de Saint-Lô, no han podido contener un ligero avance del enemigo.

LANDRIEU

Entendido. Apágala. *(Una pausa.)* ¿Qué harás tú? ¿Adónde irás?

PELLERIN

¿Qué quieres que haga? Se acabó.

LANDRIEU

Sí. ¡Cochinos!

PELLERIN

¿Quiénes?

LANDRIEU

Todos. Los alemanes también. Son todos iguales. (*Una pausa.*) Si hubiera que empezar de nuevo.

PELLERIN

Yo creo que no me arrepiento de nada. Me he divertido. Por lo menos hasta estos últimos tiempos.

(CLOCHET *vuelve con las latas de conserva.*)

ESCENA III

LOS MISMOS y CLOCHET; *luego,* UN MILICIANO

LANDRIEU

Oye, Clochet, los ingleses han desembarcado en Niza.

CLOCHET

¿En Niza?

LANDRIEU

No han encontrado resistencia. Avanzan hacia Puget-Téniers.

(CLOCHET *se deja caer sobre un banco.*)

CLOCHET

¡Virgen Santa! (PELLERIN y LANDRIEU *se echan a reír.*) ¡Es una broma! ¡No deberíais gastar esas bromas!

LANDRIEU

Vamos. Lo pondrás esta noche en tu informe. (*Entra* EL MILICIANO.) Límpieme eso. (*A* PELLERIN.) ¿Vienes a comer?

(PELLERIN *se acerca, coge la lata de carne, la mira, y la deja.*)

PELLERIN *(bosteza)*

Siempre me siento raro antes de empezar. *(Bosteza.)* No soy suficientemente cruel, sólo me irrito cuando se emperran. ¿Cómo es el tipo al que vamos a interrogar ahora?

CLOCHET

Uno alto, de treinta años, sólido. Habrá que emplearse a fondo.

LANDRIEU

Que no nos haga el número del griego.

PELLERIN

¡Bah! El griego era un bruto.

LANDRIEU

No importa. Es jodido cuando no hablan. *(Bosteza.)* Me haces bostezar. *(Una pausa.* LANDRIEU *mira el fondo de la lata de conservas sin hablar; luego, de pronto, al* MILICIANO.) Bueno, ve a buscarlo.

(EL MILICIANO *sale. Silencio.* CLOCHET *silba.* PELLERIN *va a la ventana y la abre de par en par.*)

CLOCHET

No abras la ventana. Empieza a hacer fresco.

PELLERIN

¿Qué ventana? Ah, sí... *(Ríe.)* La abrí sin pensarlo.

(Va a cerrarla.)

LANDRIEU
Déjala abierta. Se ahoga uno aquí, necesito aire.

CLOCHET
Como queráis.

(Entran HENRI *y tres* MILICIANOS.)

LANDRIEU
Sentadlo. Quitadle las esposas. Atadle las manos a los brazos del sillón. *(Los* MILICIANOS *lo atan.)* Tu nombre.

HENRI
Henri.

LANDRIEU
¿Henri qué?

HENRI
Henri.

(LANDRIEU *hace una señal. Los* MILICIANOS *golpean a* HENRI.)

LANDRIEU
¿Cómo te llamas?

HENRI
Me llamo Henri, eso es todo.

(Le pegan.)

LANDRIEU
Basta, vais a atontarlo. ¿Edad?

HENRI
Veintinueve años.

LANDRIEU
   ¿Profesión?

HENRI
   Antes de la guerra estudiaba medicina.

PELLERIN
   Tienes instrucción, cochino. (*A los* MILICIANOS.) Dadle
   estopa.

LANDRIEU
   No perdamos tiempo.

PELLERIN
   ¡Medicina! ¡Dadle fuerte, venga!

LANDRIEU
   ¡Pellerin! (*A* HENRI.) ¿Dónde está tu jefe?

HENRI
   No lo sé.

LANDRIEU
   Por supuesto. No, no le peguéis. ¿Fumas? Pasadle este
   cigarrillo: esperad. (*Se lo pone en su propia boca; lo
   enciende y se lo tiende. Un* MILICIANO *lo planta en la
   boca de* HENRI.) Fuma. ¿Qué esperas? No vas a im-
   presionarnos. Vamos, Henri, no fanfarronees; nadie te
   ve. Ahorra tu tiempo y el nuestro; no te quedan tantas horas de vida.

HENRI
   Ni a vosotros.

LANDRIEU
   Para nosotros se cuentan por meses; nosotros te ente-
   rraremos. Fuma. Y reflexiona. Ya que eres instruido,

muéstrate realista. Si tú no cantas lo hará tu compañera o el chaval.

HENRI
Eso es asunto de ellos.

LANDRIEU
¿Dónde está tu jefe?

HENRI
Tratad de hacérmelo decir.

LANDRIEU
¿Lo prefieres? Quítale el cigarrillo. Clochet, encárgate tú.

CLOCHET
Poned los palos en las cuerdas. (*Los* MILICIANOS *deslizan dos palos entre las cuerdas que oprimen las muñecas de* HENRI.) Perfecto. Los haremos girar hasta que hables.

HENRI
No hablaré.

CLOCHET
En seguida, no; gritarás primero.

HENRI
Trata de hacerme gritar.

CLOCHET
No eres humilde. Hay que ser humilde. Si caes desde demasiado alto te destrozas. Giradlos. Lentamente. ¿Qué? ¿Nada? No. Dad vuelta, dad vuelta. Esperad: empieza a sufrir. ¿Qué? ¿No? Claro: el dolor no existe

para un tipo que tiene tu instrucción. Lo malo es que se te ve en el cara. *(Suavemente.)* Sudas. Lo siento por ti. *(Le enjuga el rostro con el pañuelo.)* Otra vuelta. ¿Gritará, no gritará? Te agitas. Puedes impedirte gritar, pero no mover la cabeza. ¡Cómo te duele! *(Pasa el dedo por las mejillas de* Henri.) ¡Qué apretadas tienes las mandíbulas!, ¿tienes miedo? «Si pudiera resistir un momento, sólo un momentito...» Pero después de este momento vendrá otro y luego otro, hasta que pienses que el sufrimiento es demasiado fuerte y que es preferible despreciarse. *(Le coge la cabeza con las manos.)* Estos ojos ya no me ven. ¿Qué es lo que ven? *(Suavemente.)* Eres guapo. Otra vuelta. *(Una pausa. Triunfalmente.)* Vas a gritar, Henri, vas a gritar. Veo el grito que te hincha el cuello; te sube a los labios. Otro pequeño esfuerzo. Otra vuelta. (Henri *grita.)* ¡Ah! *(Una pausa.)* Qué vergüenza debes de sentir. Otra vuelta. No os detengáis. (Henri *grita.)* Ya ves; sólo es difícil soltar el primer grito. Ahora, muy suavemente, muy naturalmente, vas a hablar.

Henri

Sólo conseguirás gritos de mí.

Clochet

No, Henri, no. Ya no tienes el derecho de hacerte el orgulloso. «Trata de hacerme gritar.» Ya lo has visto. No ha costado mucho. ¿Dónde está tu jefe? Sé humilde, Henri, completamente humilde. Dinos dónde está. Bueno, ¿qué esperas? Grita o habla. Dad vueltas. Dad vueltas, santo Dios, rompedle las muñecas. Basta: se ha desmayado. *(Va a buscar una botella de alcohol y un vaso. Da de beber a* Henri *con suavidad.)* Bebe, pobre mártir. ¿Te sientes mejor? Bueno, ahora vamos a empezar de verdad. Id a buscar los aparatos.

LANDRIEU
  ¡No!

CLOCHET
  ¿Qué?

(LANDRIEU *se pasa la mano por la frente.*)

LANDRIEU
  Llevadlo ahí al lado y continuad.

CLOCHET
  Vamos a estar un poco incómodos ahí.

LANDRIEU
  El que manda aquí soy yo, Clochet. Ya van dos veces
que te lo recuerdo.

CLOCHET
  Pero...

LANDRIEU *(gritando)*
  ¿Es que quieres que te parta la boca?

CLOCHET
  Bueno, bueno, llevadlo.

(*Los* MILICIANOS *desatan a* HENRI *y se lo llevan.* CLO-
CHET *los sigue.*)

ESCENA IV

PELLERIN y LANDRIEU

PELLERIN
  ¿Vienes?

LANDRIEU
   No. Clochet me repugna.

PELLERIN
   Charla demasiado. *(Una pausa.)* ¡Medicina! ¡El muy
cochino! Yo dejé el Liceo a los trece años; tenía que
ganarme la vida. No tuve la suerte de contar con padres ricos que me pagaran los estudios.

LANDRIEU
   Espero que hablará.

PELLERIN
   ¡Por Dios, sí hablará!

LANDRIEU
   Es jodido cuando un tipo no habla.

   *(HENRI grita. LANDRIEU se acerca a la puerta y la cie-
rra. Nuevos gritos que se oyen claramente a través de
la puerta. LANDRIEU va al aparato de radio y mueve el
botón.)*

PELLERIN *(estupefacto)*
   ¿Tú también, Landrieu?

LANDRIEU
   Son esos gritos. Hay que tener los nervios muy só-
lidos.

PELLERIN
   ¡Que grite! Es un puerco, un cochino intelectual. *(Música aguda.)* No tan fuerte. No me deja oír.

LANDRIEU
   Vete con ellos. (PELLERIN *vacila, luego sale.*) Tiene
que hablar. Es un cobarde, tiene que ser un cobarde.

(Música y gritos. Los gritos cesan. Una pausa. PELLE-
RIN *vuelve a aparecer, pálido.)*

PELLERIN
Para la música.

*(*LANDRIEU *mueve el botón.)*

LANDRIEU
¿Qué?

PELLERIN
Lo matarán sin que hable.

LANDRIEU *(se dirige a la puerta)*
Deteneos. Traedlo aquí.

ESCENA V

LOS MISMOS, CLOCHET, LOS MILICIANOS y HENRI

PELLERIN *(se acerca a* HENRI*)*
Esto no ha acabado. Volveremos a empezar, créeme.
Baja los ojos. Te digo que bajes los ojos. *(Le pega.)*
¡Cabrón!

CLOCHET *(aproximándose)*
Tiende las manos, voy a ponerte las esposas. *(Le pone
las esposas muy suavemente.)* Duele, ¿eh? ¿Duele mucho? Pobre muchachito. *(Le acaricia el pelo.)* Vamos,
no estés tan orgulloso, has gritado, gritaste a pesar de
todo. Mañana hablarás.

(A un gesto de LANDRIEU, *los* MILICIANOS *se llevan a*
HENRI.)*

ESCENA VI

Los mismos, *menos* Henri y Los milicianos

PELLERIN
¡El muy cabrón!

LANDRIEU
Es jodido.

CLOCHET
¿Qué?

LANDRIEU
Es jodido que un tipo no hable.

CLOCHET
Sin embargo, gritó. Gritó.

(Se encoge de hombros.)

PELLERIN
Traed a la mujer.

LANDRIEU
La mujer. Si no habla...

PELLERIN
Pues...

LANDRIEU
Nada. *(Con súbita violencia.)* Tiene que haber uno que
hable.

CLOCHET
Al rubio es a quien hay que hacer bajar. Está a punto.

LANDRIEU
 ¿El rubio?

CLOCHET
 Sorbier. Es un cobarde.

LANDRIEU
 ¿Un cobarde? Ve a buscarlo.
 (CLOCHET *sale.*)

ESCENA VII

PELLERIN y LANDRIEU

PELLERIN
 Son todos cobardes. Sólo que los hay tercos.

LANDRIEU
 ¡Pellerin! ¿Qué harías tú si te arrancaran las uñas?

PELLERIN
 Los ingleses no arrancan las uñas.

LANDRIEU
 ¿Y los maquis?

PELLERIN
 No nos arrancarán las uñas.

LANDRIEU
 ¿Por qué?

PELLERIN
 A nosotros no pueden sucedernos esas cosas.
 (*Vuelve* CLOCHET *precediendo a* SORBIER.)

CLOCHET
    Déjame interrogarlo.

ESCENA VIII

LOS MISMOS y CLOCHET; *luego* SORBIER, *acompañado de* MILICIANOS

CLOCHET
    Quitadle las esposas. Atadle los brazos al sillón. Bien.
    (Se acerca a SORBIER.) Sí, estás aquí. Estás aquí de
    nuevo en este sillón. Y nosotros estamos aquí. ¿Sabes
    por qué te hemos hecho bajar de nuevo?

SORBIER
    No.

CLOCHET
    Porque eres un cobarde y vas a cantar. ¿No eres un
    cobarde?

SORBIER
    Sí.

CLOCHET
    Lo ves, ya lo ves. Lo he leído en tus ojos. Muestra esos
    ojos desorbitados...

SORBIER
    Tú tendrás los mismos cuando te ahorquen.

CLOCHET
    No fanfarronees, te sienta mal.

SORBIER
Los mismos; somos hermanos. Te atraigo, ¿eh? No es a mí a quien torturas. Es a ti.

CLOCHET *(bruscamente)*
¿Eres judío?

SORBIER *(asombrado)*
¿Yo? No.

CLOCHET
Te juro que eres judío. *(Hace una seña a los* MILICIANOS, *quienes pegan a* SORBIER.) ¿No eres judío?

SORBIER
Sí. Soy judío.

CLOCHET
Bueno. ¡Entonces escucha! Las uñas primero. ¡Así tendrás tiempo para reflexionar! ¡No nos corre prisa, tenemos toda la noche! ¿Hablarás?

SORBIER
¡Qué basura!

CLOCHET
¿Qué es lo que dices?

SORBIER
Digo: ¡qué basura! Tú y yo somos basura.

CLOCHET *(a los* MILICIANOS)
Coged las pinzas y empezad.

SORBIER
¡Dejadme! ¡Dejadme! Voy a hablar. Os diré todo lo que queráis.

CLOCHET (*a los* MILICIANOS)

Tiradle un poco de la uña, de todos modos, para demostrarle que va en serio. (SORBIER *gime.*) Bueno, ¿dónde está tu jefe?

SORBIER

Soltadme, no puedo seguir más en este sillón. ¡No puedo más! ¡No puedo más! (*Señal de* LANDRIEU. *Los* MILICIANOS *lo sueltan. Se levanta vacilando y se dirige hacia la mesa.*) Un cigarrillo.

LANDRIEU

Después.

SORBIER

¿Qué es lo que queréis saber? ¿Dónde está el jefe? Yo lo sé. Los otros no lo saben; yo lo sé. Yo conocía sus secretos. Está (*señalando bruscamente un punto detrás de ellos*)... ¡ahí! (*Todo el mundo se vuelve. Salta a la ventana y se encarama sobre el alféizar.*) ¡Gané! No os acerquéis o salto. ¡Gané! ¡Gané!

CLOCHET

No seas idiota. Si hablas, quedas libre.

SORBIER

¡Cuentos! (*Gritando.*) ¡Eh, los de arriba! ¡Henri, Canoris, no hablé! (*Los* MILICIANOS *se arrojan sobre él. Salta al vacío.*) ¡Buenas noches!

ESCENA IX

CLOCHET, LANDRIEU, PELLERIN y LOS MILICIANOS

PELLERIN

¡Cabronazo! ¡Cobarde asqueroso!

(*Se inclinan, asomados a la ventana.*)

PELLERIN (*a los* MILICIANOS)
Bajad. Si está vivo, traedlo. Lo trabajaremos en caliente, hasta que nos reviente entre las manos. (*Los* MILICIANOS *salen. Una pausa.*)

CLOCHET
Ya os había dicho que cerrarais la ventana.

(LANDRIEU *se le acerca y le da un puñetazo en plena cara.*)

LANDRIEU
Lo pondrás en tu informe.

(*Una pausa.* CLOCHET *ha sacado el pañuelo y se limpia la boca. Los* MILICIANOS *vuelven.*)

UN MILICIANO
¡La espichó!

LANDRIEU
¡Cochino! (*A los* MILICIANOS.) Vayan a buscarme a la mujer. (*Los* MILICIANOS *salen.*) ¡Hablarán, maldita sea! ¡Hablarán!

TELON

Acto segundo

El desván. François, Canoris, Henri *sentados en el suelo unos junto a otros. Forman un grupo cerrado. Hablan entre sí a media voz.* Jean *da vuelta alrededor de ellos con aire desdichado. De vez en cuando hace un movimiento para intervenir en la conversación, pero se contiene y continúa la marcha.*

ESCENA I

François, Henri, Canoris y Jean

Canoris

Mientras me ataban los brazos, yo los miraba. Vino un tipo y me pegó. Lo miré y pensé: esta cara la he visto en alguna parte. Después, se pusieron a zurrarme y yo trataba de acordarme.

Henri

¿Cuál es?

CANORIS
El alto, que es tan comunicativo. Lo he visto en Grenoble. ¿Conoces a Chasières, el pastelero de la calle Longue? Vende esos cucuruchos de crema en la trastienda. Todos los domingos por la mañana el tipo salía de allí; llevaba un paquete de dulces atado con un cordón rosa. Me había fijado en él por su asquerosa jeta. Creía que era de la policía.

HENRI
Hubieras podido decírmelo antes.

CANORIS
¿Que era de la policía?

HENRI
Que Chasières vendía cucuruchos de crema. ¿A ti también te soltó el rollo?

CANORIS
Ya lo creo. Se inclinó sobre mí y me soplaba en la cara.

JEAN (bruscamente)
¿Qué es lo que decía?

(Se vuelven hacia él y lo miran con sorpresa.)

HENRI
Nada. Bobadas.

JEAN
Yo no hubiera podido soportarlo.

HENRI
¿Por qué? Es una distracción.

JEAN

¡Ah!, ¿sí? Evidentemente no lo entiendo bien.

(Silencio. HENRI *se vuelve hacia* CANORIS.)

HENRI

¿A qué crees que se dedican en la vida civil?

CANORIS

El gordo que toma notas podría ser dentista.

HENRI

No está mal. Oye, menos mal que no se ha traído el torno.

(Se ríen.)

JEAN *(con violencia)*

No os riáis. *(Dejan de reír y miran a* JEAN.) Lo sé; vosotros podéis reír. Tenéis derecho a reír. Y, además, ya no tengo órdenes que daros. *(Una pausa.)* Si me hubierais dicho que un día me intimidaríais... *(Una pausa.)* Pero ¿cómo podéis estar contentos?

HENRI

Uno se las arregla.

JEAN

Claro. Y sufrís por cuenta propia. Eso es lo que da buena conciencia. Estuve casado; no os lo dije. Mi mujer murió de parto. Yo me paseaba por el vestíbulo de la clínica y sabía que ella iba a morir. ¡Es parecido, todo es parecido! Hubiera querido ayudarla, pero no podía. Caminaba, prestaba atención para oír sus gritos. No gritaba. Le había tocado el mejor papel. A vosotros también.

HENRI
No es culpa nuestra.

JEAN
Ni mía. Quisiera poder ayudaros.

CANORIS
No puedes.

JEAN
Lo sé. *(Una pausa.)* Hace dos horas que se la han llevado. A vosotros no os han tenido tanto tiempo.

HENRI
Es una mujer. Con las mujeres se divierten.

JEAN *(estallando)*
Volveré. Dentro de ocho días, dentro de un mes, volveré. Los haré castrar por mis hombres.

HENRI
Tienes la suerte de poder odiarlos todavía.

JEAN
¿Suerte? Y además los odio sobre todo para dis-
traerme.

*(Camina un momento, luego se le ocurre una idea;
arrastra un viejo horno hasta el tragaluz.)*

CANORIS
Eres cargante. ¿Qué haces?

JEAN
Quiero volver a verlo antes de que caiga la noche.

HENRI
¿A quién?

JEAN

A Sorbier.

HENRI (*con indiferencia*)

¡Ah!

(JEAN *sube sobre el hornillo y mira por el tragaluz.*)

JEAN

Todavía está ahí. Lo dejarán pudrirse ahí. ¿Queréis subir? Os ayudaré.

CANORIS

¿Para qué?

JEAN

Sí. ¿Para qué? Los muertos me los dejáis a mí.

FRANÇOIS

Yo quiero verlo.

HENRI

No te lo aconsejo.

FRANÇOIS (*a* JEAN)

Ayúdame. (JEAN *le ayuda a subir.* FRANÇOIS *mira a su vez por el tragaluz.*) Tiene..., tiene el cráneo deshecho.

(*Baja y va a acurrucarse en un rincón, todo tembloroso.*)

HENRI (*a* JEAN)

Muy inteligente eso.

JEAN

Bueno, ¿y qué? Sois tan duros que pensé que podríais soportar la vista de un cadáver.

HENRI
Yo tal vez, el chico no. *(A* FRANÇOIS.*)* Las oraciones
fúnebres corren por cuenta de Jean. No tienes por qué
cargar con ese muerto. Se acabó: sobre él, el silencio.
A ti te queda todavía un buen camino que recorrer.
Ocúpate de ti.

FRANÇOIS
Yo tendré esa cabeza aplastada, y esos ojos...

HENRI
Eso ya no te concierne.

(Una pausa. JEAN *se pasea de un extremo al otro, luego vuelve a plantarse delante de* CANORIS *y* HENRI.*)*

JEAN
¿Tendrán que arrancarme las uñas para poder volver
a ser vuestro compañero?

CANORIS
Sigues siendo nuestro compañero.

JEAN
Bien sabes que no. *(Una pausa.)* ¿Quién os dice que
yo no hubiera resistido? *(A* HENRI.*)* Tal vez yo no habría gritado.

HENRI
¿Y qué?

JEAN
Perdonadme. Sólo tengo derecho a callar.

HENRI
¡Jean!... Ven a sentarte junto a nosotros. *(*JEAN *vacila y se sienta.)* Harías como nosotros si estuvieras en

nuestro lugar. Pero no tenemos las mismas preocupaciones. (JEAN *se levanta bruscamente.*) ¿Qué te pasa?

JEAN

Mientras no la traigan no podré estarme quieto.

HENRI

Ya lo ves: te mueves, te agitas; estás demasiado vivo.

JEAN

Estuve seis meses sin decirle que la quería; por la noche, cuando la tomaba en mis brazos, apagaba la luz. Ahora está desnuda en medio de ellos y pasean sus manos por su cuerpo.

HENRI

¿Y qué importa eso? Lo que importa es ganar.

JEAN

¿Ganar qué?

HENRI

Ganar. Hay dos equipos: uno que quiere hacer hablar al otro. (*Ríe.*) Qué estupidez. Pero es todo lo que nos queda. Si hablamos, lo perdemos todo. Han ganado puntos porque yo grité, pero en conjunto no estamos mal colocados.

JEAN

¡Que ganéis o perdáis, me da lo mismo! Es un juego. Pero ella tiene vergüenza de verdad; sufre de verdad.

HENRI

¿Y qué? Yo sentí mucha vergüenza cuando me hicieron gritar. Pero eso no dura. Si ella se calla, sus manos no podrán marcarla. Son unos pobres tipos, ¿sabes?

JEAN
   Son hombres, y ella está en sus brazos.

HENRI
   Bueno. Yo también la amo, si quieres saberlo.

JEAN
   ¿Tú?

HENRI
   ¿Por qué no? Y no creas que me resultaba muy agra-
dable veros subir juntos la escalera por la noche; mira,
muchas veces me pregunté si apagabas las luces.

JEAN
   ¿Tú la quieres? ¿Y puedes quedarte tranquilamente
sentado?

HENRI
   Su padecimiento nos acerca. El placer que tú le dabas
nos separaba aún más. Hoy estoy más cerca de ella
que tú.

JEAN
   ¡No es cierto! ¡No es cierto! Ella piensa en mí mientras la torturan. Sólo piensa en mí. Soporta sufrimientos y vergüenza para no entregarme.

HENRI
   No, para ganar.

JEAN
   ¡Mientes! (Una pausa.) Dijo: cuando vuelva, sólo habrá amor en mis ojos.

(Ruido de pasos en el corredor.)

Henri

Ya vuelve. Podrás leer en sus ojos.

(Se abre la puerta. Henri se levanta.)

ESCENA II

Los mismos y Lucie

(Jean y Henri la miran en silencio. Ella pasa muy erguida sin mirarlos y va a sentarse en la parte delantera del escenario. Una pausa.)

Lucie

¡François! *(François se le acerca y se sienta arrimado a sus rodillas.)* No me toques. Dame el abrigo de Sorbier. *(François recoge el abrigo.)* Echamelo sobre los hombros.

(Se arrebuja en él.)

François

¿Tienes frío?

Lucie

No. *(Una pausa.)* ¿Qué hacen? ¿Me miran? ¿Por qué no hablan?

Jean *(acercándose por detrás)*

¡Lucie!

Canoris

¡Déjala!

Jean

¡Lucie!

Lucie *(dulcemente)*
   ¿Qué quieres?

Jean
   Me habías prometido que sólo habría amor en tus
   ojos.

Lucie
   ¿Amor?

(Se encoge tristemente de hombros.)

Canoris *(que se ha levantado)*
   Déjala, le hablarás dentro de un rato.

Jean *(violentamente)*
   Déjame en paz. Ella es mía. Vosotros me habéis dejado y no tengo nada que decir; pero no me la quita-
   réis. *(A* Lucie.*)* Háblame. ¿No eres como ellos? No
   es posible que seas como ellos. ¿Por qué no respon-
   des? ¿Me guardas rencor?

Lucie
   No te guardo rencor.

Jean
   Mi dulce Lucie.

Lucie
   Nunca más seré dulce, Jean.

Jean
   Ya no me quieres.

Lucie
   No lo sé. *(Jean da un paso hacia ella.)* Te lo ruego,
   no me toques. *(Con esfuerzo.)* Pienso que debo que-

rerte todavía. Pero ya no siento mi amor. (*Con fatiga.*) Ya no siento absolutamente nada.

CANORIS (*a* JEAN)
Ven, hombre.

(*Lo lleva y lo obliga a sentarse cerca de él.*)

LUCIE (*como para sí*)
Todo esto no tiene gran importancia. (*A* FRANÇOIS.) ¿Qué hacen?

FRANÇOIS
Se han sentado. Se dan la espalda.

LUCIE
Bueno. (*Una pausa.*) Diles que no he hablado.

CANORIS
Lo sabemos, Lucie.

LUCIE
Bien.

(*Largo silencio, luego ruido de pasos en el corredor.* FRANÇOIS *se incorpora gritando.*)

LUCIE
¿Qué te pasa? Ah, sí, te toca a ti. Defiéndete bien; es preciso que sientan vergüenza.

(*Los pasos se acercan, luego se alejan.*)

FRANÇOIS (*se desploma sobre las rodillas de* LUCIE)
¡No puedo soportarlo! ¡No puedo soportarlo más!

HENRI

¡Mírame! *(Le levanta la cabeza.)* ¡Qué miedo tienes! No hablarás. Responde.

FRANÇOIS

Ya no lo sé. Me quedaba un poco de valor, pero no tendría que haberte visto. Estás aquí, despeinada, con la blusa rota y sé que te tomaron en sus brazos.

LUCIE *(con violencia)*

No me han tocado. Nadie me ha tocado. Yo era de piedra y no sentí sus manos. Los miraba de frente y pensaba: no pasa nada. *(Con pasión.)* Y no ha pasado nada. Al final me tenían miedo. *(Una pausa.)* François, si hablas me habrán violado de verdad. Dirán: «Les hemos vencido.» Sonreirán a sus recuerdos. Dirán: «Con la chica, lo pasamos bien.» Es preciso hacerles sentir vergüenza: si no esperara volver a verlos, me colgaría ahora mismo de los barrotes de ese tragaluz. ¿Te callarás?

(FRANÇOIS se encoge de hombros sin responder. Silencio.)

HENRI *(a media voz)*

Bueno, Jean, ¿quién tenía razón? Ella quiere ganar; eso es todo.

JEAN

¡Cállate! ¿Por qué quieres quitármela? Estás colmado, morirás en la alegría y el orgullo. Ella es lo único que tengo y yo voy a vivir.

HENRI

No quiero nada y no soy yo quien te la quita.

Jean

 ¡Anda, anda! Continúa. Tienes todos los derechos, hasta el de torturarme: tú has pagado por adelantado.
(*Se levanta.*) Qué seguros estáis de vosotros mismos.
¿Bastan los sufrimientos corporales para tener la conciencia tranquila? (Henri *no responde.*) Pero ¿no comprendes que soy más desdichado que todos vosotros?

François (*que se ha incorporado bruscamente*)
 ¡Ja, ja, ja!

Jean (*gritando*)
 ¡Sí, el más desdichado! ¡El más desdichado!

François (*salta sobre* Jean)
 ¡Miradlo! ¡Pero miradlo! El más desdichado de todos
nosotros. Durmió y comió. Tiene las manos libres, vol-
verá a ver el día, él va a vivir. Pero es el más desdichado. ¿Qué es lo que quieres? ¿Que te compadezcan?
¡Cochino!

Jean (*que se ha cruzado de brazos*)
 Está bien.

François
 Todos los ruidos me sobresaltan. Ya no puedo tragar
saliva, me siento morir. Pero el más desdichado es él,
por supuesto: yo moriré en la alegría. (*Con un estalli-
do.*) ¡Pues yo voy a devolverte la felicidad, sí!

Lucie (*levantándose bruscamente*)
 ¡François!

François
 ¡Te delataré! ¡Te delataré! ¡Te haré compartir nuestras alegrías!

JEAN *(en voz baja y rápida)*
Hazlo; no puedes saber cómo lo deseo.

LUCIE *(cogiendo a* FRANÇOIS *por la nuca y volviéndole
la cabeza hacia ella)*
Mírame a la cara. ¿Te atreverás a hablar?

FRANÇOIS
¡Atreverme! Ya salieron vuestras grandes palabras; lo
delataré; eso es todo. Será muy sencillo: se acerca-
rán a mí, se me abrirá sola la boca. ¿A qué hay que
atreverse? Cuando os veo pálidos y crispados, con ca-
ras de maniáticos, vuestro desprecio no me asusta.
(Una pausa.) Te salvaré, Lucie. Nos dejarán la vida.

LUCIE
No quiero esa vida.

FRANÇOIS
Yo sí la quiero. Quiero cualquier vida. La vergüenza
pasa cuando la vida es larga.

CANORIS
No te perdonarán la vida, François. Aunque hables.

FRANÇOIS *(señalando a* JEAN*)*
Por lo menos lo veré sufrir.

HENRI *(se levanta y se acerca a* LUCIE*)*
¿Crees que hablará?

LUCIE *(se vuelve hacia* FRANÇOIS *y le mira de hito en
hito)*
Sí.

HENRI
¿Estás segura?

(Se miran.)

Lucie (*después de una larga vacilación*)
   Sí.

(Henri *se dirige a* François. Canoris *se levanta para situarse junto a* Henri. *Los dos miran a* François.)

Henri
   No soy tu juez, François. Eres un crío: este asunto es demasiado duro para ti. Creo que a tu edad yo habría hablado.

Canoris
   Todo es culpa nuestra. No debíamos haberlo llevado con nosotros; hay riesgos que sólo se hacen correr a los hombres. Te pedimos perdón.

François (*retrocediendo*)
   ¿Qué quiere decir esto? ¿Qué vais a hacerme?

Henri
   No debes hablar, François. Te matarían a pesar de todo, ya lo sabes. Y morirás en la abyección.

François (*aterrado*)
   Bueno, no hablaré. Os digo que no hablaré. Dejadme tranquilo.

Henri
   Ya no tenemos confianza. Ellos saben que eres nuestro punto débil. Se encarnizarán contigo hasta que cantes. Nuestro cometido es el de impedirte hablar.

Jean
   ¿Creéis que os dejaré hacerlo? No te asustes, pequeño. Tengo las manos libres y estoy contigo.

Lucie (*obstruyéndole el paso*)
   ¿Por qué te metes?

JEAN

   Es tu hermano.

LUCIE

   ¿Y qué? Debía morir mañana.

JEAN

   Pero ¿eres tú? Me das miedo.

LUCIE

   Tiene que callar. Los medios no importan.

FRANÇOIS

   No iréis a... *(No responden.)* Lucie, socorro, no dejes
que me hagan daño; no hablaré, te lo juro, no hablaré.

JEAN *(situándose junto a* FRANÇOIS*)*

   No lo tocaréis.

HENRI

   Jean, ¿cuándo vendrán al pueblo los camaradas?

JEAN

   El martes.

HENRI

   ¿Cuántos serán en total?

JEAN

   Sesenta.

HENRI

   Sesenta hombres que han puesto su confianza en ti
y que van a caer en la trampa como ratas. O ellos o él.
Escoge.

JEAN

   No tenéis derecho a pedirme que escoja.

HENRI
¿Eres su jefe? ¡Vamos!

(JEAN *vacila un instante, luego se aleja lentamente.*
HENRI *se acerca a* FRANÇOIS.)

FRANÇOIS (*lo mira y luego rompe a gritar*)
¡Lucie! ¡Socorro! No quiero morir aquí; esta noche
no, Henri, tengo quince años, déjame vivir. No me ma-
tes en la oscuridad. (HENRI *le aprieta la garganta.*) ¡Lucie! (LUCIE *vuelve la cabeza.*) Os odio a todos.

LUCIE
Niño mío, mi pobre niño, mi único amor, perdónanos.

(*Se aparta. Una pausa.*) Date prisa.

HENRI
No puedo. Me han roto casi las muñecas.

(*Una pausa.*)

LUCIE
¿Ya está?

HENRI
Ha muerto.

(LUCIE *se vuelve y toma el cuerpo de* FRANÇOIS *en sus
brazos. La cabeza de* FRANÇOIS *descansa sobre sus rodillas. Silencio muy largo. Luego* JEAN *empieza a hablar
en voz baja. Toda la conversación que sigue tendrá lugar en voz baja.*)

JEAN
¿En qué os habéis convertido? ¿Por qué no habéis
muerto con los otros? Me dais horror.

HENRI
   ¿Crees que me gustó?

JEAN
   Muy bien. Dentro de veinticuatro horas te habrás
desembarazado de ti mismo. Yo veré todos los días a
ese crío que pedía gracia y tu jeta mientras tus manos
le apretaban la garganta. *(Se acerca a* FRANÇOIS *y lo
mira.)* ¡Quince años! Ha muerto en la rabia y el miedo. *(Vuelve a* HENRI.*)* Te quería, se dormía con la cabeza sobre tu hombro; te decía: «Duermo mejor cuando estás aquí.» *(Una pausa.)* ¡Cabrón!

HENRI *(a* CANORIS *y a* LUCIE)
   ¡Hablad vosotros, no me dejéis solo! ¡Lucie! ¡Canoris! ¡Vosotros lo habéis matado con mis manos! *(No
hay respuesta. Se vuelve hacia* JEAN.*)* Y tú, dime, tú
que me juzgas, ¿qué has hecho para defenderlo?

JEAN *(con violencia)*
   ¿Qué podía hacer? ¿Qué me hubierais dejado hacer?

HENRI
   Tenías las manos libres, podías pegar. *(Apasionada-
mente.)* Si hubieras pegado…, si me hubieras golpeado
hasta tirarme al suelo.

JEAN
   ¿Las manos libres? Me habéis agarrotado. Si digo una
palabra, si hago un gesto: «¿Y los compañeros?» Me
habéis excluido, habéis decidido acerca de mi vida como
de mi muerte: fríamente. No vengáis a decirme ahora
que soy vuestro cómplice, sería demasiado cómodo.
Soy vuestro testigo, eso es todo. Y declaro que sois
unos asesinos. *(Una pausa.)* Lo has matado por orgullo.

HENRI
Mientes.

JEAN
¡Por orgullo! Te han hecho gritar, ¿eh? Y tienes vergüenza. Quieres deslumbrarlos para redimirte; quieres
regalarte una hermosa muerte. ¿No es cierto? Quieres ganar, nos lo has dicho. Nos has dicho que querías
ganar.

HENRI
¡No es cierto! ¡No es cierto! ¡Lucie, dile que no es
cierto! (LUCIE *no contesta.* HENRI *da un paso en su
dirección.*) Responde: ¿crees que lo maté por orgullo?

LUCIE
No lo sé. (*Una pausa; luego, penosamente.*) Era preciso que no hablara.

HENRI
¿Me odias? Era tu hermano; sólo tú tienes derecho a
condenarme.

LUCIE
No te odio. (HENRI *se acerca al cuerpo que ella sostie-
ne en sus brazos. Vivamente.*) No lo toques.

(HENRI *se aparta lentamente y vuelve hacia* CANORIS.)

HENRI
Canoris. Tú no gritaste; sin embargo, querías que muriera. ¿Lo hemos matado por orgullo?

CANORIS
Yo no tengo orgullo.

HENRI

¡Pero yo sí! Es cierto que lo tengo. ¿Lo he matado por orgullo?

CANORIS

Tú sabrás.

HENRI

Yo... No, ya no sé. Todo ha pasado demasiado rápido y ahora está muerto. *(Bruscamente.)* ¡No me abandonéis! No tenéis derecho a abandonarme. Cuando puse mis manos alrededor de su cuello, me parecía que eran nuestras manos y que apretábamos todos; de otro modo nunca hubiera podido...

CANORIS

Era preciso que muriera; si hubiese estado más cerca de mí, habría sido yo el que hubiera apretado. En cuanto a lo que pasó por tu cabeza...

HENRI

¿Sí?

CANORIS

No interesa. Nada interesa entre estas cuatro paredes. Era preciso que muriese; eso es todo.

HENRI

Bueno. *(Se acerca al cuerpo. A* LUCIE.*)* No tengas miedo, no lo tocaré. *(Se inclina sobre él y lo mira largamente; luego se incorpora.)* Jean, cuando lanzamos la primera granada, ¿a cuántos rehenes fusilaron? *(*JEAN *no responde.)* Doce. Había un chico en el montón; se llamaba Destaches. ¿Te acuerdas?; vimos los carteles en la calle de Minimes. Charbonnel quería entregarse y tú se lo impediste.

JEAN
    ¿Y qué?

HENRI
    ¿Te preguntaste por qué se lo impediste?

JEAN
    No es lo mismo.

HENRI
    Tal vez. Mejor para ti si tus motivos eran más claros;
    pudiste quedarte con la conciencia tranquila. Pero a
    pesar de todo Destaches murió. Nunca más tendré yo
    la conciencia tranquila, nunca más hasta que me arri-
    men a una pared con una venda sobre los ojos. Pero
    ¿por qué había de querer yo una conciencia tranquila?
    Era preciso que el chico muriese.

JEAN
    Yo no quisiera estar en tu lugar.

HENRI (*dulcemente*)
    Tú estás aquí al margen, Jean; no puedes comprender
    ni juzgar.

    (*Largo silencio, luego la voz de* LUCIE. *Acaricia el pelo
    de* FRANÇOIS *sin mirarlo. Por primera vez desde el co-
    mienzo de la escena habla en voz alta.*)

LUCIE
    Has muerto y mis ojos están secos; perdóname: no ten-
    go más lágrimas y la muerte ya no tiene importancia.
    Afuera hay trescientos que yacen en la hierba, y yo
    también, mañana, estaré fría y desnuda, sin una mano
    siquiera que me acaricie el pelo. No hay nada que la-
    mentar, ¿sabes?; tampoco la vida tiene mucha impor-

tancia. Adiós, hiciste lo que podías. Si te detuviste en el camino fue porque no contabas aún con bastantes fuerzas. Nadie tiene derecho a condenarte.

JEAN

Nadie. *(Largo silencio. Se sienta cerca de* LUCIE.) ¡Lucie! *(Ella hace un gesto.)* No me eches, quisiera ayudarte.

LUCIE *(asombrada)*

¿Ayudarme a qué? No necesito ayuda.

JEAN

Sí. Creo que sí: tengo miedo de que te derrumbes.

LUCIE

Resistiré bien hasta mañana por la noche.

JEAN

Estás demasiado tensa, no resistirás. El valor te abandonará de golpe.

LUCIE

¿Por qué te preocupas por mí? *(Lo mira.)* Estás apenado. Bueno, voy a tranquilizarte y luego te irás. Todo se ha vuelto muy sencillo desde que el chico ha muerto; ya sólo tengo que ocuparme de mí. Y no necesito valor para morir, ¿sabes?; de todos modos tienes razón, no hubiera podido sobrevivirle mucho tiempo. Ahora vete; te diré adiós dentro de un rato, cuando vengan a buscarme.

JEAN

Déjame quedarme junto a ti; me callaré si quieres, pero estaré aquí y no te sentirás sola.

LUCIE

¿No me sentiré sola? ¿Contigo? Oh, Jean, ¿es que no lo comprendes? Ya no tenemos nada en común.

JEAN

¿Has olvidado que te quiero?

LUCIE

La que tú querías era otra.

JEAN

Eres tú.

LUCIE

Yo soy otra. No me reconozco a mí misma. Algo ha debido bloquearse en mi cabeza.

JEAN

Tal vez. Tal vez seas otra. En ese caso, es a esa otra a quien quiero y mañana querré a la muerta que serás. A ti es a quien quiero, Lucie, a *ti,* feliz o desdichada, viva o muerta, a ti.

LUCIE

Bueno. Me quieres. ¿Y qué?

JEAN

Tú también me querías.

LUCIE

Sí. Y quería a mi hermano, a quien he dejado morir. Nuestro amor está tan lejos, ¿por qué vienes a hablarme de él? Realmente no tenía ninguna importancia.

JEAN

¡Mientes! ¡Bien sabes que mientes! Era nuestra vida, nada más y nada menos que nuestra vida. Todo lo que hemos vivido, lo vivimos entre los dos.

LUCIE

Nuestra vida, sí. Nuestro porvenir. Yo vivía en la espera, te quería en la espera. Esperaba el fin de la guerra, esperaba el día en que pudiéramos casarnos a los ojos de todos, te esperaba todas las noches; ya no tengo porvenir, ya sólo espero mi muerte y moriré sola. *(Una pausa.)* Déjame. No tenemos nada que decirnos; no sufro y no necesito consuelo.

JEAN

¿Crees que intento consolarte? Veo tus ojos secos y sé que tu corazón es un infierno: ni una huella de sufrimiento, ni siquiera el agua de una lágrima; todo en ti está al rojo vivo. ¡Cómo debe hacerte sufrir no sufrir! ¡Ah! Pensé mil veces en la tortura, lo sentí todo de antemano, pero no imaginaba que podía causar este horrible sufrimiento de orgullo. Lucie, quisiera devolverte un poco de piedad por ti misma. Si pudieras liberarte de esa rigidez, si pudieras abandonar tu cabeza sobre mi hombro. ¡Pero respóndeme! ¡Mírame!

LUCIE

No me toques.

JEAN

Lucie, es inútil; tú y yo estamos encadenados. Todo lo que te han hecho, nos lo han hecho a los dos; ese sufrimiento que huye de ti, es mío, te espera; si vienes a mis brazos se convertirá en *nuestro* sufrimiento. Amor mío, confía en mí y todavía podremos decir *nosotros,* seremos una pareja, lo soportaremos todo juntos, incluso tu muerte. Si pudieras encontrar una lágrima…

LUCIE *(con violencia)*

¿Una lágrima? Lo único que deseo es que vengan a buscarme y que me peguen para poder seguir callando

y burlándome de ellos y asustándolos. Todo es insulso
aquí: la espera, tu amor, el peso de esta cabeza sobre
mis rodillas. Quisiera que el dolor me devorase, quisiera arder, callarme y ver los ojos de ellos al acecho.

JEAN *(abrumado)*
Eres un desierto de orgullo.

LUCIE
¿Tengo yo la culpa? En mi orgullo es donde me han
herido. Los odio pero estoy en sus manos. Y yo los
tengo en las mías también. Me siento más cerca de
ellos que de ti. *(Ríe.)* ¡Nosotros! Quieres que diga:
¡nosotros! ¿Tienes las muñecas aplastadas, como Henri? ¿Tienes llagas en las piernas, como Canoris? Vamos, es una comedia; tú no has sentido nada, te lo
imaginas todo.

JEAN
Las muñecas aplastadas... ¡Ah! Si eso es lo único que
pedís para ser de los vuestros la solución es fácil.

*(Busca a su alrededor, ve un pesado morillo y se apo-
dera de él.* LUCIE *lanza una carcajada.)*

LUCIE
¿Qué haces?

JEAN *(extendiendo la mano derecha sobre el suelo, la
golpea con el morillo que tiene en la izquierda)*
Estoy harto de oíros ensalzar vuestros dolores como
si fueran méritos. Estoy harto de miraros con ojos de
pobre. Lo que os han hecho puedo hacérmelo: está al
alcance de cualquiera.

LUCIE *(riendo)*
Fallido, es un acto fallido. Puedes romperte los huesos, puedes reventarte los ojos: eres tú, eres tú el que

decides tu dolor. Cada uno de los nuestros es una violación porque son otros hombres los que nos los han infligido. No nos alcanzarás.

(Una pausa. Jean *arroja el morillo y la mira. Luego se levanta.)*

Jean
Tienes razón; no puedo alcanzaros: estáis juntos y yo estoy solo. No me moveré más, no os hablaré más, iré a ocultarme en la sombra y olvidaréis que existo. Supongo que es mi papel en esta historia y que debo aceptarlo como vosotros aceptáis el vuestro. *(Una pausa.)* Hace un rato se me ocurrió una idea: a Pierre lo han matado cerca de la gruta de Servaz donde teníamos armas. Si me sueltan, iré a buscar su cuerpo; meteré algunos papeles en su chaqueta y lo arrastraré a la gruta. Contad cuatro horas después de mi partida y cuando reanuden el interrogatorio, reveladles el escondrijo. Encontrarán a Pierre y creerán que soy yo. Entonces creo que ya no tendrán motivos para seguir torturándoos y que acabarán rápido con vosotros. Eso es todo. Adiós.

(Se dirige al fondo. Largo silencio. Luego pasos en el corredor. Un miliciano *aparece con una linterna; la pasea alrededor de la habitación.)*

El miliciano *(viendo a* François*)*
¿Qué le pasa?

Lucie
Duerme.

El miliciano *(a* Jean*)*
Tú, ven. Hay novedades para ti.

(JEAN *vacila, mira a todos los personajes con una especie de desesperación y sigue al* MILICIANO. *La puerta vuelve a cerrarse.*)

ESCENA III

CANORIS, HENRI y LUCIE

LUCIE

Saldrá del paso, ¿verdad?

CANORIS

Creo que sí.

LUCIE

Muy bien. Una preocupación menos. Encontrará a sus iguales y todo será para bien. Venid junto a mí. (HENRI y CANORIS *se aproximan.*) Más cerca; ahora estamos entre nosotros. ¿Qué es lo que os detiene? *(Los mira y comprende.)* ¡Ah! *(Una pausa.)* Debía morir; bien sabéis que debía morir. Son los de abajo quienes lo han matado con nuestras manos. Venid, soy su hermana y os digo que no sois culpables. Extended vuestras manos sobre él; desde que ha muerto, es de los nuestros. Mirad qué aire tan duro tiene. Cierra la boca sobre un secreto. Tocadlo.

HENRI (*acariciando el pelo de* FRANÇOIS)

¡Mi niño! ¡Mi pobre niño!

LUCIE

Te hicieron gritar, Henri, te oí. Debes de estar avergonzado.

HENRI
Sí.

LUCIE
Siento tu vergüenza con tu calor. Es mi vergüenza.
Yo le decía que estaba sola y le mentía. Con vosotros
no me siento sola. (*A* CANORIS.) Tú no gritaste; es
una lástima.

CANORIS
Yo también siento vergüenza.

LUCIE
¡Vaya! ¿Por qué?

CANORIS
Cuando Henri gritó, sentí vergüenza.

LUCIE
Está bien. Acercaos más a mí. Siento vuestros brazos
y vuestros hombros, el niño me pesa mucho en las rodillas. Está bien. Mañana callaré. ¡Vaya si callaré! Por
él, por mí, por Sorbier, por vosotros. Sólo somos uno.

TELON

Antes de levantarse el telón una voz monstruosa y vulgar canta: «Si todos los cornudos llevaran badajos.» El telón se levanta sobre el aula. Es la mañana del día siguiente. PELLERIN *bebe, sentado en un banco; parece derrengado. En el escritorio,* LANDRIEU *bebe; está medio borracho.* CLOCHET, *de pie cerca de la ventana, bosteza; de vez en cuando* LANDRIEU *lanza una carcajada.*

ESCENA I

PELLERIN, LANDRIEU y CLOCHET

PELLERIN
¿Por qué te ríes?

LANDRIEU (*haciendo trompetilla con la mano delante de la oreja*)
¿Qué?

PELLERIN
  ¿Por qué te ríes?

LANDRIEU (*señalando el altavoz y gritando*)
  Por eso.

PELLERIN
  ¿Eh?

LANDRIEU
  Sí, me parece una idea estupenda.

PELLERIN
  ¿Qué idea?

LANDRIEU
  La de poner badajos a los cornudos.

PELLERIN
  ¡Oh, diablos! No entiendo nada.

  (*Se dirige al aparato.*)

LANDRIEU (*gritando*)
  No la apagues. (PELLERIN *hace girar el botón. Silencio.*) ¿Ves, ves?

PELLERIN (*desconcertado*)
  ¿Qué es lo que veo?

LANDRIEU
  El frío.

PELLERIN
  ¿Tienes frío en el mes de julio?

LANDRIEU
  Te digo que hace frío; tú no entiendes nada.

PELLERIN
   ¿Qué me decías?

LANDRIEU
   ¿Qué?

PELLERIN
   A propósito de los cornudos.

LANDRIEU
   ¿Quién te habla de cornudos? Cornudo, tú. *(Una pausa.)* Voy a buscar las noticias.

   (Se levanta y se dirige al aparato de radio.)

CLOCHET
   No hay.

LANDRIEU
   ¿No hay noticias?

CLOCHET
   No es la hora.

LANDRIEU
   ¡Lo veremos!

   (Maneja el botón. Música, barullo.)

PELLERIN
   Nos aturdes.

LANDRIEU *(dirigiéndose al aparato de radio)*
   ¡Cochino! *(Una pausa.)* Maldita sea, escucharé a la BBC; ¿qué longitud de onda?

PELLERIN
    Veintiún metros.

(LANDRIEU *maniobra con el botón; discurso en checo,*
LANDRIEU *se echa a reír.*)

LANDRIEU *(riendo)*
    Es checo, ¿te das cuenta? En este momento, hay un
    checo que habla en Londres. Es grande el mundo. *(Sa-
    cude el aparato.)* ¿No puedes hablar en francés? *(Apa-
    ga.)* Dame de beber. (PELLERIN *le sirve un vaso de
    vino. Se le acerca y bebe.*) ¿Qué diablos hacemos aquí?

PELLERIN
    Aquí o en otra parte...

LANDRIEU
    Quisiera estar en el frente.

PELLERIN
    ¡Hum!

LANDRIEU
    Pues sí, quisiera estar allí. *(Lo coge por las mangas de
    la chaqueta.)* No irás a decirme que tengo miedo de
    morir.

PELLERIN
    Yo no digo nada.

LANDRIEU
    ¿Qué es la muerte, eh? ¿Qué es? En primer lugar, hay
    que pasar por ella, mañana, pasado mañana o dentro
    de tres meses.

CLOCHET *(vivamente)*

¡No es cierto! No es cierto. Los ingleses serán rechazados al mar.

LANDRIEU

¿Al mar? Vas a tenerlos pisándote el culo. Aquí, en este pueblo. Y será el gran lío, el zafarrancho, tiros contra la iglesia, tiros contra la alcaldía. ¿Qué harás tú, Clochet? ¡Te meterás en el sótano! ¡Ah! ¡Ah! ¡En el sótano! ¡Cómo nos divertiremos! *(A* PELLERIN.) Una vez que uno está muerto..., se me escapó la idea. Mira, vamos a cargarnos a los listillos de arriba, y bueno, no me da ni frío ni calor. A cada uno su turno. Eso es lo que me digo. Hoy es el de ellos. Mañana el mío. ¿No es eso justo? Yo soy justo. *(Bebe.)* Somos como animales. *(A* CLOCHET.) ¿Por qué bostezas?

CLOCHET

Me aburro.

LANDRIEU

Pues entonces, bebe. ¿Acaso me aburro yo? Tú prefieres espiarnos, estás redactando tu informe mentalmente. *(Sirve un vaso de vino y lo tiende a* CLOCHET.) ¡Bebe, vamos, bebe!

CLOCHET

No puedo, tengo enfermo el hígado.

LANDRIEU

Beberás este vaso o te lo echo en la cara. *(Una pausa.* CLOCHET *adelanta la mano, toma el vaso y bebe.)* ¡Ah! ¡Ah! ¡Bestias, todos bestias, y está muy bien así! *(Se oyen pasos; alguien se pasea por el desván. Los tres levantan los ojos. Escuchan en silencio, luego* LANDRIEU *se aparta bruscamente, corre a la puerta, la abre*

y llama.) ¡Corbier! ¡Corbier! *(Aparece un* MILICIANO.)
Ve a hacerlos callar. Sacúdeles. (EL MILICIANO *sale,*
LANDRIEU *cierra de nuevo la puerta y regresa junto a
los otros; los tres levantan la nariz y escuchan. Silencio.)* Habrá que volver a verles la jeta. Cochino día.

PELLERIN
¿Me necesitáis para interrogarlos?

LANDRIEU
¿Cómo?

PELLERIN
Pensaba que quizá el jefe esté escondido en el bosque.
Podría tomar veinte hombres y hacer una batida.

LANDRIEU *(mirándolo)*
¿Eh? *(Una pausa. Siguen oyéndose pasos.)* Te quedarás aquí.

PELLERIN
Bueno. *(Se encoge de hombros.)* Vamos a perder el
tiempo.

LANDRIEU
Es posible, pero lo perderemos juntos.

*(Miran el techo a pesar de sí mismos y cambian las réplicas siguientes con las cabezas levantadas hasta que el
ruido cesa.)*

CLOCHET
Es hora de hacer bajar al chaval.

LANDRIEU
El chaval me importa un carajo. Al tipo es al que quiero hacer hablar.

PELLERIN

No hablarán.

LANDRIEU

Te digo que hablarán. Son bestias, hay que saber tratarlos. ¡Ah! No hemos pegado bastante fuerte. *(Ruido en el desván, luego silencio. LANDRIEU satisfecho.)* ¿Qué me dices? Ya están calmados. No hay nada como la mano dura.

(Están visiblemente aliviados.)

CLOCHET

Con todo deberías empezar por el chico.

LANDRIEU

De acuerdo. *(Se dirige hacia la puerta.)* ¡Corbier! *(No hay respuesta.)* ¡Corbier! *(Pasos precipitados en el corredor. CORBIER aparece.)* Ve a buscar al chaval.

CORBIER

¿Al chaval? Se lo han cargado.

LANDRIEU

¿Qué?

CORBIER

Lo despacharon durante la noche. Lo encontré con la cabeza sobre las rodillas de la hermana. Ella decía que estaba dormido; ya está frío, con huellas de dedos en el cuello.

LANDRIEU

¿Eh? *(Una pausa.)* ¿Quién era el que caminaba?

CORBIER

El griego.

LANDRIEU
Bueno. Puedes irte.

(CORBIER *sale. Silencio.* CLOCHET *levanta a pesar suyo la cabeza hacia el techo.*)

PELLERIN *(estallando)*
Doce balas en el pellejo, en seguida. No verlos más.

LANDRIEU
¡Cállate! *(Se acerca a la radio y hace girar el botón. Vals lento. Luego vuelve al escritorio y se sirve bebida. En el momento en que deja el vaso, ve el retrato de Pétain.)* Tú ves esto, tú ves esto pero te lavas las manos. Te sacrificas; te entregas a Francia; los pequeños detalles te importan un bledo. Tú has entrado en la historia. Y nosotros estamos metidos en la mierda. ¡Qué asco!

(Le arroja el vaso de vino a la cara.)

CLOCHET
¡Landrieu!

LANDRIEU
Pon eso en tu informe. *(Una pausa. Se calma con esfuerzo. Vuelve hacia* PELLERIN.) Doce balas en el pellejo sería demasiado fácil. Es lo que ellos desean, ¿comprendes?

PELLERIN
Mejor para ellos si es lo que desean. Pero terminar de una vez, no verlos más.

LANDRIEU
No quiero que la espichen sin haber hablado.

PELLERIN.
Ya no tienen nada que decirnos. En las veinticuatro horas que llevan aquí, el jefe ha tenido tiempo de sobra para darse el piro.

LANDRIEU
Me importa un bledo el jefe; lo que quiero es que hablen.

PELLERIN
¿Y si no hablan?

LANDRIEU
No te preocupes.

PELLERIN
Sí, pero si de todos modos no hablan...

LANDRIEU *(gritando)*
Te digo que no te preocupes.

PELLERIN
Bueno, pues mándalos a buscar.

LANDRIEU
Naturalmente, voy a mandarlos a buscar.

(No se mueve. CLOCHET se echa a reír.)

CLOCHET
¿Y si fueran mártires, eh?

(LANDRIEU se dirige bruscamente a la puerta.)

LANDRIEU
Tráelos.

CORBIER *(apareciendo)*
¿A los tres?

LANDRIEU
Sí, a los tres.
*(*CORBIER *sale.)*

PELLERIN
A la mujer hubieras podido dejarla arriba.

(Ruidos de pasos sobre las cabezas.)

LANDRIEU
Bajan. *(Se dirige hacia la radio y la apaga.)* Si entregan al jefe, les salvo la vida.

CLOCHET
¡Landrieu, estás loco!

LANDRIEU
¡Cállate!

CLOCHET
Merecen diez veces la muerte.

LANDRIEU
Me importa un carajo lo que se merezcan. Quiero que cedan. A mí éstos no me hacen el número del mártir.

PELLERIN
Yo..., escucha, yo no podría soportarlo. Si tuviera que pensar que vivirán, que nos sobrevivirán quizá y que seremos toda la vida ese recuerdo en sus cabezas...

LANDRIEU
No necesitas preocuparte. Si hablan para salvar la vida, evitarán esa clase de recuerdos. Ahí están.

(PELLERIN *se levanta bruscamente y hace desaparecer
debajo de la silla las botellas y los vasos. Los tres aguar-
dan, inmóviles y de pie.*)

ESCENA II

LOS MISMOS, LUCIE, HENRI, CANORIS y TRES MILICIANOS

(*Se miran en silencio.*)

LANDRIEU
¿Qué habéis hecho con el chico que estaba con vosotros?

(*No responden.*)

PELLERIN
¡Asesinos!

LANDRIEU
Cállate. (*A los demás.*) Quería hablar, ¿eh? Y vosotros quisisteis impedírselo.

LUCIE (*violentamente*)
No es cierto. No quería hablar. Nadie quería hablar.

LANDRIEU
¿Y entonces?

HENRI
Era demasiado joven. No valía la pena dejarle sufrir.

LANDRIEU
¿Quién de vosotros lo ha estrangulado?

CANORIS
Lo decidimos juntos y somos todos responsables.

LANDRIEU
Está bien. *(Una pausa.)* Si dais la información que se os pide os perdono la vida.

CLOCHET
¡Landrieu!

LANDRIEU
He dicho que a callar. *(A los otros.)* ¿Aceptáis? *(Una pausa.)* ¿Qué? ¿Sí o no? *(Guardan silencio. LANDRIEU está desconcertado.)* ¿Os negáis? ¿Dais tres vidas para salvar una? Qué absurdo. *(Una pausa.)* ¡Es la vida lo que os ofrezco! ¡La vida! ¡La vida! ¿Sois sordos? *(Silencio; luego LUCIE se adelanta hacia ellos.)*

LUCIE
¡Hemos ganado! ¡Hemos ganado! Este momento compensa muchas cosas. Me enorgullezco recordando todo lo que quise olvidar anoche. Me arrancaron el vestido. *(Señalando a CLOCHET.)* Este me sujetaba las piernas. *(Señalando a LANDRIEU.)* Este me sujetaba los brazos. *(Señalando a PELLERIN.)* Y éste me tomó por la fuerza. Puedo decirlo ahora, puedo gritarlo: me habéis violado y tenéis vergüenza. Estoy lavada. ¿Dónde están vuestras pinzas y tenazas? ¿Dónde están vuestros látigos? Ahora nos suplicáis que vivamos. Y la respuesta es no. ¡No! Tenéis que terminar con el asunto.

PELLERIN
¡Basta! ¡Basta! ¡Duro con ellos!

LANDRIEU
¡Deteneos! Pellerin, quizá no sea ya por mucho tiempo vuestro jefe, pero mientras yo mande, no se discutirán mis órdenes. Llevadlos.

CLOCHET

¿No los cascamos un poco, de todos modos? Porque al fin todo eso son palabras. Nada más que palabras. Aire. *(Señalando a* HENRI.*)* Ese tipo nos llegó muy farolero ayer y lo hicimos gritar como una mujer.

HENRI

A ver si me hacéis gritar hoy.

LANDRIEU

Sacúdeles, si tienes ánimo.

CLOCHET

Ah, ¿sabes?, aunque fueran mártires no me molestaría. Me gusta el trabajo por el trabajo mismo. *(A los* MILICIANOS.*)* Llevadlos a las mesas.

CANORIS

Un momento. Si aceptamos, ¿qué nos asegura que nos dejaréis con vida?

LANDRIEU

Tenéis mi palabra.

CANORIS

Sí. En fin, habrá que conformarse con ella. Cara o cruz. ¿Qué harán de nosotros?

LANDRIEU

Os enviaré a las autoridades alemanas.

CANORIS

Que nos fusilarán.

LANDRIEU

No. Les explicaré vuestro caso.

CANORIS
    Bueno. (*Una pausa.*) Estoy dispuesto a hablar si mis camaradas lo permiten.

HENRI
    ¡Canoris!

CANORIS
    ¿Puedo quedarme solo con ellos? Creo que podré convencerlos.

LANDRIEU (*escrutándolo*)
    ¿Por qué quieres hablar? ¿Tienes miedo de morir?

    (*Largo silencio, luego* CANORIS *baja la cabeza.*)

CANORIS
    Sí.

LUCIE
    ¡Cobarde!

LANDRIEU
    Bueno. (*A los* MILICIANOS.) Tú ponte delante de la ventana. Y tú guarda la puerta. Vosotros venid. Tienes un cuarto de hora para convencerles.

    (LANDRIEU, PELLERIN y CLOCHET *salen por la puerta del fondo.*)

ESCENA III

CANORIS, LUCIE y HENRI

    (*Durante toda la primera parte de la escena,* LUCIE *permanece silenciosa y parece no interesarse en el debate.*)

CANORIS (*va hasta la ventana y regresa. Vuelve hacia ellos y con voz viva y baja dice*)

El sol se está poniendo. Va a llover. ¿Estáis locos? Me miráis como si se tratara de entregar al jefe. Quiero simplemente mandarlos a la gruta de Servaz, como Jean nos lo aconsejó. (*Una pausa. Sonríe.*) Nos han estropeado un poco, pero todavía somos perfectamente utilizables. (*Una pausa.*) ¡Vamos! Es preciso hablar: no se pueden despilfarrar tres vidas. (*Una pausa. Suavemente.*) ¿Por qué queréis morir? ¿Para qué sirve? ¡Responded, pues! ¿Para qué sirve?

HENRI

Para nada.

CANORIS

¿Entonces?

HENRI

Estoy cansado.

CANORIS

Yo lo estoy más todavía. Tengo quince años más que tú y me han cascado más que a ti. La vida que me dejarán no es nada envidiable.

HENRI (*suavemente*)

¿Te asusta tanto la muerte?

CANORIS

No me asusta. Les mentí hace un rato, no me asusta. Pero no tenemos derecho a morir por nada.

HENRI

¡Ah! ¿Por qué no? ¿Por qué no? Me han roto las muñecas, me arrancaron la piel; ¿acaso no he pagado?

Hemos ganado. ¿Por qué quieres que empiece a vivir de nuevo cuando puedo morir de acuerdo conmigo mismo?

CANORIS

Hay compañeros a quienes ayudar.

HENRI

¿Qué compañeros? ¿Dónde?

CANORIS

En todas partes.

HENRI

¡De qué estás hablando! Si nos perdonan, nos enviarán a las minas de sal.

CANORIS

Bueno, nos evadiremos.

HENRI

¿Evadirte, tú? No eres más que un guiñapo.

CANORIS

Si no soy yo, serás tú.

HENRI

Una posibilidad sobre cien.

CANORIS

Vale la pena correr el riesgo. Y aunque no lográramos escaparnos, hay otros hombres en las minas; viejos enfermos, mujeres que no aguantan. Nos necesitan.

HENRI

Escucha, cuando vi al chico en el suelo, todo blanco, pensé: bueno, he hecho lo que he hecho y no me arre-

piento de nada. Sólo que, claro está, es que suponía
que iba a morir al alba. Si no hubiera pensado que estaría seis horas después en el mismo montón de basura... *(Gritando.)* No quiero sobrevivirle. No quiero
sobrevivir treinta años a ese crío. Canoris, será tan
fácil; ni siquiera tendremos tiempo de mirar los caño-
nes de sus fusiles.

CANORIS

No tenemos derecho a morir por nada.

HENRI

¿Tiene sentido vivir cuando hay hombres que te zurran hasta romperte los huesos? Todo está negro. *(Mira
por la ventana.)* Tienes razón, va a llover.

CANORIS

El cielo está totalmente encapotado. Será un buen cha-
parrón.

HENRI *(bruscamente)*

Era por orgullo.

CANORIS

¿Qué?

HENRI

Lo del chico. Creo que lo maté por orgullo.

CANORIS

Qué importa; tenía que morir.

HENRI

Arrastraré esta duda como una cadena. Durante todos
los minutos de mi vida me interrogaré a mí mismo.
(Una pausa.) ¡No puedo! No puedo vivir.

CANORIS
   ¡Cuántas complicaciones! Tendrás bastante que hacer
   con los demás, anda; olvidarás…, te ocupas demasiado de ti, Henri; quieres salvar tu vida… ¡Bah! Hay
   que trabajar; uno se salva por añadidura. *(Una pausa.)*
   Escucha, Henri: si mueres hoy, todo queda congela-
   do: lo mataste por orgullo, está decidido para siempre. Si vives…

HENRI
   ¿Sí?

CANORIS
   Entonces nada se ha detenido: cada uno de tus actos
   será juzgado a partir de tu vida entera. *(Una pausa.)*
   Si te dejas matar cuando puedes seguir trabajando, no
   habrá nada más absurdo que tu muerte. *(Una pausa.)*
   ¿Los llamo?

HENRI *(señalando a* LUCIE)
   Que ella decida.

CANORIS
   ¿Oyes, Lucie?

LUCIE
   ¿Decidir qué? Ah, sí. Bueno, ya está todo decidido:
   diles que no hablaremos y que procedan rápido.

CANORIS
   ¿Y los compañeros, Lucie?

LUCIE
   No tengo más compañeros. *(Se dirige hacia los* MILI-
   CIANOS.) Id a buscarlos: no hablaremos.

CANORIS *(siguiéndola, á los* MILICIANOS)
Quedan cinco minutos. Esperad.

(La trae hacia el proscenio.)

LUCIE
Cinco minutos; sí. ¿Y qué esperas? ¿Convencerme
en cinco minutos?

CANORIS
Sí.

LUCIE
¡Corazón puro! Tú sí puedes vivir, tienes la conciencia tranquila, te han atizado un poco, eso es todo. A mí
me han envilecido, no hay una pulgada de mi piel que
no me horrorice. *(A* HENRI.*)* Y tú que haces tantos as-
pavientos porque has estrangulado a un muchacho, ¿re-
cuerdas que ese muchacho era mi hermano y que yo
no dije nada? He cargado con todo el mal; es preciso
que me supriman y conmigo todo ese mal. ¡Idos! Idos
a vivir ya que podéis aceptaros. Yo me odio y deseo
que después de mi muerte todo sea en la tierra como
si yo nunca hubiese existido.

HENRI
No te abandonaré, Lucie, y haré todo lo que tú decidas.

(Una pausa.)

CANORIS
Entonces, tengo que salvaros a pesar de vosotros mismos.

LUCIE
¿Hablarás?

CANORIS
Es preciso.

LUCIE *(violentamente)*
Les diré que mientes y que te lo has inventado todo.
(Una pausa.) Si hubiera sabido que ibas a cantar, ¿crees
que os habría dejado tocar a mi hermano?

CANORIS
Tu hermano quería entregar a nuestro jefe y yo quiero lanzarlos sobre una pista falsa.

LUCIE
Es lo mismo. Habrá el mismo triunfo en sus ojos.

CANORIS
¡Lucie! ¿Entonces dejaste morir a François por orgullo?

LUCIE
Pierdes el tiempo. No conseguirás infundirme remor-
dimientos.

UN MILICIANO
Quedan dos minutos.

CANORIS
¡Henri!

HENRI
Haré lo que ella decida.

CANORIS *(a* LUCIE*)*
¿Por qué te preocupas tanto de esos hombres? Dentro
de seis meses se enterrarán en un sótano y la primera
granada que les echen por un tragaluz pondrá punto
final a toda esta historia. Es todo el resto lo que cuenta. El mundo y lo que haces en el mundo, los compañeros y lo que haces por ellos.

LUCIE
Estoy seca, me siento sola, sólo puedo pensar en mí.

CANORIS (*suavemente*)
¿No echas de menos realmente nada en el mundo?

LUCIE
Nada. Todo está envenenado.

CANORIS
Entonces...

(*Gesto resignado. Da un paso hacia los* MILICIANOS. *La lluvia empieza a caer; en gotas ligeras y espaciadas primero, luego en gruesas gotas presurosas.*)

LUCIE (*vivamente*)
¿Qué pasa? (*En voz baja y lenta.*) La lluvia. (*Va hasta la ventana y contempla la lluvia. Una pausa.*) Hacía tres meses que no oía el ruido de la lluvia. (*Pausa.*) Dios mío, durante estos tres meses ha hecho buen tiempo, es horrible. Ya no me acordaba, creía que había que vivir siempre al sol. (*Una pausa.*) Cae con fuerza, va a oler a tierra mojada. (*Empiezan a temblarle los labios.*) No quiero..., no quiero...

(HENRI *y* CANORIS *se le acercan.*)

HENRI
¡Lucie!

LUCIE
No quiero llorar, me pondré hecha una tonta. (HENRI *la toma en sus brazos.*) ¡Soltadme! (*Gritando.*) ¡Me gustaba vivir, me gustaba vivir!

(*Solloza sobre el hombro de* HENRI.)

EL MILICIANO *(adelantándose)*
    Entonces, ¿qué? Es la hora.

CANORIS *(después de una mirada a* LUCIE*)*
    Ve a decir a tus jefes que hablaremos.

    (EL MILICIANO *sale. Una pausa.*)

LUCIE *(recobrándose)*
    ¿Es cierto? ¿Vamos a vivir? Ya estaba del otro lado...
    Miradme. Sonreídme. Hace tanto tiempo que no veo
    sonreír. ¿Hacemos bien, Canoris? ¿Hacemos bien?

CANORIS
    Hacemos bien. Hay que vivir. *(Se acerca al* MILICIA-
    NO.) Ve a decir a tus jefes que hablaremos.

    (EL MILICIANO *sale.*)

ESCENA IV

LOS MISMOS, LANDRIEU, PELLERIN y CLOCHET

LANDRIEU
    Entonces, ¿qué?

CANORIS
    En el camino de Grenoble, en el mojón 42, tomad el
    sendero a mano derecha. Al cabo de cincuenta metros
    en el bosque encontraréis un soto y detrás del soto
    una gruta. El jefe está escondido allí con armas.

LANDRIEU *(a* LOS MILICIANOS*)*
    Diez hombres. Que salgan en seguida. Tratad de traer-
    lo vivo. *(Una pausa.)* Llevad a los prisioneros arriba.

    (LOS MILICIANOS *hacen salir a los prisioneros.* CLO-
    CHET *vacila un instante, luego se desliza detrás de ellos.*)

ESCENA V

LANDRIEU y PELLERIN; *luego* CLOCHET

PELLERIN
    ¿Crees que han dicho la verdad?

LANDRIEU
    Naturalmente. Son estúpidos. *(Se sienta en la mesa.)*
    ¿Qué os parece? Al fin hemos logrado doblegarlos.
    ¿Viste cómo salieron? Iban menos orgullosos que a la
    entrada. (CLOCHET *vuelve. Amablemente.)* ¿Qué, Clo-
    chet, les hemos hecho morder el polvo, sí o no?

CLOCHET *(frotándose las manos con aire distraído)*
    Sí; sí; y que lo digas, les hemos hecho morder el polvo.

PELLERIN *(a* LANDRIEU)
    ¿Los dejas vivos?

LANDRIEU
    Oh, de todos modos, ahora... *(Disparos bajo las ven-
    tanas.)* ¿Qué es eso?... (CLOCHET *ríe con aire confuso
    tapándose la boca con la mano.)* Clochet, no habrás...

    (CLOCHET *hace una señal afirmativa siempre riendo.)*

CLOCHET
    Pensé que era más humano.

LANDRIEU
    ¡Cabrón!

    (Nuevos disparos, corre a la ventana.)

PELLERIN
    Deja, hombre, no hay dos sin tres.

LANDRIEU
  No quiero...

PELLERIN
  Figúrate cómo quedaríamos ante el superviviente.

CLOCHET
  Dentro de un instante, nadie pensará nada más de todo
  esto. Nadie fuera de nosotros.

  *(Tercera descarga de disparos. LANDRIEU se deja caer
sobre su asiento.)*

LANDRIEU
  ¡Uf!

  (CLOCHET se acerca a la radio y gira los mandos. Música.)

TELON

Indice

Libro de Bolsillo   Alianza Editorial   Madrid

Libros en venta